掌尚文化

SALUTE & DISCOVERY

致敬与发现

The Impact of China's Factor Price Distortion on Regional Entrepreneurship

PRICE

中国要素价格扭曲对区域创业水平的影响研究

马天明◎著

The Impact of China's Factor Price Distortion on Regional Entrepreneurship

经济管理出版社
ECONOMY & MANAGEMENT PUBLISHING HOUSE

图书在版编目（CIP）数据

中国要素价格扭曲对区域创业水平的影响研究/马天明著．—北京：经济管理出版社，2021.2
ISBN 978-7-5096-7812-1

Ⅰ.①中…　Ⅱ.①马…　Ⅲ.①生产要素—价格—影响—创业—研究—中国
Ⅳ.①F249.214

中国版本图书馆 CIP 数据核字（2021）第 038192 号

组稿编辑：张鹤溶
责任编辑：张昕　张鹤溶　亢文琴
责任印制：黄章平
责任校对：陈颖

出版发行：经济管理出版社
（北京市海淀区北蜂窝 8 号中雅大厦 A 座 11 层　100038）
网　　址：www.E-mp.com.cn
电　　话：（010）51915602
印　　刷：唐山昊达印刷有限公司
经　　销：新华书店
开　　本：720mm×1000mm/16
印　　张：11.75
字　　数：199 千字
版　　次：2021 年 3 月第 1 版　　2021 年 3 月第 1 次印刷
书　　号：ISBN 978-7-5096-7812-1
定　　价：88.00 元

前　言

大众创业是推动国家经济增长、增加国民就业、调和社会矛盾、培育新兴产业、提高社会创新能力的重要途径，在新常态下承载着我国经济结构转型、培育发展新动力的重担。但是近年来，随着中国经济增速放缓，长期根植于机制体制中的结构性弊端不断显现，在审视我国创业发展历程和现实背景之后，本书发现，由制度导致的要素价格扭曲是阻碍大众创业的重要因素。基于此，本书从要素价格扭曲的视角出发，通过采用理论与实证相结合的研究方法，旨在解释中国要素价格扭曲对区域创业水平的影响以及两者之间的影响机制，从而为促进我国大众创业提供思路和办法。

本书的撰写思路和主要特色如下：

第一，采用文献研究法对创业和要素价格扭曲两方面的文献进行了梳理和评述。在创业理论中，本书首先从狭义和广义两个角度分别介绍了创业的内涵，并对创业水平的定义进行了界定；其次，分析了创业在国民经济增长中的作用，肯定了创业在经济增长中的重要贡献；最后，总结了创业水平的各类影响因素，梳理了国内外文献中创业水平的各类衡量指标。在扭曲理论中，本书首先梳理了扭曲理论的发展历程，并对经济中存在的各类扭曲现象进行了分类；其次，对研究中涉及的要素价格扭曲的定义及其相应的函数表达形式进行了界定；最后，分析了要素价格扭曲在我国的具体形成原因，并总结了国内外研究中要素价格扭曲程度的各类测算方法。

第二，对我国整体和不同地区的区域创业水平进行了测算。先是介绍了中国创业的发展历程，回顾了创业在我国的不同发展阶段，而后根据中国不同地区的面板数据分别从创业参与、创业活力、创业规模三个视角测算了中国整体及不同地区的区域创业水平。测算结果显示：首先，在创业参与视角下，我国整体地区的创业水平表现出了明显的增长趋势，但是从2010年开始，创业水平的增长速度明显下降，并在2013年之后呈现出下滑态势。其次，在创业活力视角下，整体创业水平在2001~2012年经历了

"上升→下降→上升→下降"的"M"字形变化趋势：在2001~2004年呈现出增长趋势，在2004~2008年逐渐下降，并在2009年经历了短暂复苏，然后于2010年再次下降。最后，在创业规模视角下，整体创业水平在2001~2011年呈现出"上升→下降→上升"的"N"字形变化趋势，最低点出现在2007~2008年，随后进入较为平稳的增长期，并于2011年重新恢复到了2001年的增长水平。

第三，对我国要素价格扭曲程度进行了测算。通过对比和分析现有文献中的要素价格扭曲测算方法，本书选择以中国城市面板数据作为研究样本，构建了超越对数生产函数模型，对全国261个城市的资本、劳动以及土地要素价格的扭曲程度进行了测算。测算结果表明：在观测期间，资本、劳动以及土地三者的要素价格都存在不同程度的扭曲。其中，资本要素的价格扭曲方向为负，扭曲程度正在逐渐缩小，然后逐渐稳定，说明我国的资本利率长期维持在较低水平，低利率、高投资的发展模式是刺激我国经济增长的重要源泉，但是随着我国市场化改革的深入，资本市场的价格扭曲得到缓解，价格机制发挥出重要作用；劳动要素价格的扭曲方向随着时间的推移正在不断发生变化，逐渐由负向扭曲转为正向扭曲，说明随着中国劳动力价格的不断上升，经济中长期以来的巨大人口红利正在逐渐消失；土地要素的价格扭曲的方向为正，说明我国土地要素的实际成交价格普遍大于土地出让基准价格，各级政府在出让土地时仍然持有较大的议价空间。同时，要素价格扭曲表现出明显的区域性特点，不同地区的要素价格扭曲程度也有所不同。

第四，模拟了要素价格扭曲对创业水平的影响机制。本书根据我国社会中的创业现状绘制了要素价格扭曲对创业水平影响的传导路径，并通过理论与实证相结合的研究方法，从微观（企业）层面具体模拟和检验了两者之间的影响机制。理论结果显示，在要素价格扭曲的影响下，同种生产要素在不同企业之间的价格（要素成本）会出现相对差异，在要素市场中具有相对成本优势的企业将会在利润最大化的驱使下采取强硬的竞争策略获取生产要素，继而在产品市场中通过采用产量竞争或价格竞争的手段强行驱逐或遏制潜在企业参与竞争。此外，随着要素价格扭曲程度的增加，要素成本优势企业的竞争策略就越强硬，对生产要素的竞争优势就越大，对成本劣势企业的驱逐能力就越强。在此过程中，随着市场中的创业成本和创业难度的大幅提升，创业活力和创业水平将不断下降。在理论推导的基础上，本书根据我国 10651 家不同类型企业的微观面板数据对理论结果进行了实证检验，并获得了前后一致的检验结果，从而验证了要素价格扭曲对区域创业水平的完整影响机制。

第五，采用实证研究方法检验了中国要素价格扭曲对区域创业水平的具体影响。本书结合创业水平和要素价格扭曲程度的测算结果，以理论框架为基础，采用实证研究方法，从宏观（区域）层面系统检验了在不同观测视角（创业参与、创业活力、创业规模视角）下中国要素价格扭曲对区域创业水平的影响。首先，全国总体回归结果显示，要素价格扭曲对我国整体创业水平具有显著的负向抑制作用，说明长期存在于要素市场中的价格扭曲现象已经成为现阶段阻碍我国创业增长的重要因素之一。其次，从分区域（东部、中部、西部）回归结果来看，要素价格扭曲对我国不同地区创业水平的影响具有明显的区域差异：在创业参与视角下，西部地区的土地要素价格扭曲对创业水平的影响方向为正，说明西部地区低廉的土地出让价格不但没有提高社会中劳动力的创业参与比率，反而成了阻碍；在创业活力视角下，东部地区的资本要素价格扭曲对创业水平的影响同样表现为正，说明降低地区内资本要素的相对成本，能更好地发挥出我国长三角、珠三角等地区的国际竞争力，激发社会中的创业活力。

以上便是本书的主要研究思路和结论。本书采用理论结合实证的研究方法，将“要素价格扭曲”与“大众创业”两个经济学热点问题结合在了一起，为定量分析中国创业问题提供了一种可供借鉴的研究框架。

本书的研究内容是由笔者于 2018 年完成的博士学位论文修订而成，虽不敢妄称著作，却凝结了笔者全部心血。原论文写作时段是在 2017~2018 年，本书出版前的修订工作则集中在 2020 年秋天。在此期间，笔者在不断改进和完善原有研究的同时，也开启了新的研究计划。在笔者写作此书的过程中，遇到了很多良师益友，他们帮助笔者开拓研究思路，精心点拨、热忱鼓励、倾囊相授，笔者一直铭感于心，不敢忘记。

如今正值金秋，在本书即将脱稿付梓之际，笔者要向江西财经大学博士生导师吴昌南教授和郑州航空工业管理学院的同事周晓博博士和于果博士致以深深的谢意，正是在他们悉心且无私的指导下，才能让笔者在有限的时间里顺利完成全部研究。感谢他们，此生有幸，无以为报，愿今后的人生路有他们相伴！

当然，在写作过程中，由于笔者水平有限，编写时间仓促，所以书中错误和不足之处在所难免，恳请广大读者批评指正。希望本书中的研究内容能够为读者提供一条可供选择的研究思路，对未来研究有所助益。

路漫漫其修远兮，吾将上下而求索！

马天明

2020 年 10 月于郑州

目 录

第一章 绪 论

第一节 选题背景

改革开放40多年来，随着我国社会主义市场经济体制和市场功能的不断完善，政府在市场中的行政管理职能逐步弱化，对市场的管制开始由以往的指令计划向自由市场过渡，产品价格也由过去宏观调控为主转变为由供需关系决定。微观层次的改革赋予了市场主体极大的经济决策自主权，这对充分释放出经济体中的潜在能量，大幅减少市场交易成本，实现经济高效高质发展具有重要的推动作用。多年来，中国着力提升经济效率，积极释放市场活力，GDP保持每年10%左右的增速，创造出了前所未有的经济奇迹。在此期间，我国共经历了四次创业热潮，这极大地拓展了市场中的创业活力，为创业的产生与发展提供了优质的外部环境。在此基础上，凭借着自身灵活创新、适应性强等优势，创业企业在繁荣我国经济、丰富财政税收、优化产业结构、增加劳动就业、推动万众创新和催生新鲜行业等众多领域中发挥着极其关键的作用，它们是我国经济发展过程中的重要推动力。但是，随着中国经济进入新常态，经济机制体制中积累的弊端以及深层次的结构性矛盾不断显现，导致经济增速放缓，经济下行压力加大，GDP增速由2010年的10.6%下滑至2015年的6.9%，人民日益增长的美好生活需要和不平衡不充分的发展之间的矛盾日益显著，传统的经济发展模式亟须改变。

2014年9月，李克强总理提出了“大众创业、万众创新”的口号，强调了创新和创业对促进经济发展的积极意义。“大众创业、万众创新”一方面能够创造出更多的工作岗位，提高就业率，增加国民收入；另一方面可推动社会纵向流动，实现社会公平公正，是新时期经济与科技工作的核心要务。在

“大众创业、万众创新”战略（以下简称“双创”战略）的实施进程中，政府应发挥自身主导职能，为创业创新提供有利条件，为市场注入活力，营造鼓励创业创新的社会氛围。同时，政府需要制定创业扶持政策，激发创业活力，研发新技术，培育新的经济增长点。

2017 年 10 月，习近平总书记在党的十九大报告中提出，“要激发和保护企业家精神，鼓励更多社会主体投身创新创业”，并于同年 12 月中央经济工作会议中再次强调，“未来我国的发展应当是以科技创新为基本点，加快建设创新型国家，推动重大科技创新取得新进展，促进‘大众创业、万众创新’上水平”。① 2018 年初，李克强总理在十三届全国人大一次会议上指出，“巩固发展向好势头，必须继续依靠改革开放创新”，“推出更多有针对性的改革实招，形成竞相优化营商环境的良好氛围，建成多类主体合作共赢，共享发展成果的创业创新生态环境，以实现优化创新创业水平的目的，努力在抢占未来竞争制高点中赢得优势”。②

大众创业战略既是“双创”战略中的重要组成部分，也是新常态下培育我国发展新动力的重要环节。与西方国家相比，我国的创业活动起步相对较晚，但伴随着我国市场经济体制改革的不断深入，这一状况也得到不断改善，并成为现阶段推动我国经济发展和缓解社会就业压力的重要手段。根据 2015 年全球创业监测报告中的统计数据，机会型创业者与当年就业量之间存在明显的正相关关系，前者每增加 1 人，至少能为社会提供 2 个以上的就业岗位，并且该数值在未来 5 年可上升至 5.99。在增加更多就业岗位的同时，创业还能够有效提高国民就业效率，优化产业结构，并且也是培育新经济增长点、实现经济健康长久发展的关键措施（邹欣，2016）。③ 可以说，大众创业对促进产业升级、维护社会稳定具有重大意义，它肩负着新常态下推动我国经济可持续发展的重任。

随着我国“双创”战略的推进，创业之风已然势不可当，全国掀起了雨后春笋般的创业热潮。然而，我国现阶段创业的缺陷与不足依然存在，如缺

---

① 邱灵．切实提升创新创业的质量和水平［N］．经济日报，2018-06-14（15）．

② 新华．李克强：提升创新创业水平和质量　推动建设制造强国［J］．先锋队，2018（8）：4．

③ 根据邹欣（2016）的研究，创新型创业占比（创新型企业数除以创业企业总数的比值）每增加 1%，经济增长速度、非农产业占比、服务业占比分别提高 0.388%、0.0151%和 0.0472%，而农业占比和工业占比则相应下降 0.0151%和 0.0321%。具体参见：邹欣．创业与经济发展［D］．武汉：武汉大学博士学位论文，2016．

少独创性的核心技术、产业化应用程度有待提升、制度保障水平堪忧等。结合我国的现实创业背景，从要素市场的角度出发，笔者发现，由于受到过去长期计划经济体制的影响，我国要素市场扭曲特别是要素市场中的价格扭曲对我国创业的发展造成了极大的影响，成为我国实现大众创业目标的巨大阻碍。市场经济由产品与生产要素两大市场构成，只有两大市场并驱前行，才能有效推进市场化进程。然而，就我国市场现有情况来看，商品市场已经基本实现市场化，但在生产要素市场中，资本、劳动、土地等要素的市场化程度较低，此外还有诸如补贴、市场准入、退出机制等各类限制政策，造成了要素市场中的价格扭曲现象。

要素价格扭曲既是要素市场扭曲的关键部分，也是要素市场扭曲最显著的特征。在中国要素市场的改革进程中，行政色彩浓厚，政策安排较多，导致要素价格扭曲明显，一方面，企业生产成本大幅增加；另一方面，因为不同生产要素的市场化程度不同，导致要素价格扭曲成本也存在较大差异。另外，由于要素价格扭曲的区域性特点，使相同生产要素在不同企业或区域中的价格扭曲程度也会不同。由此产生的后果是：短期内企业生产成本减少，利润增加，企业生产与投资的积极性大幅提升，该模式虽然短期内能够刺激经济大幅增长，但长期则会出现结构性矛盾。

林毅夫（1994，2002）提出，经济发展的关键在于战略的转轨。改革前由于中国经济发展迟缓，制定了优先发展重工业的赶超战略，政府介入市场推行一系列制度为重工业发展提供政策和资源支持，导致产品价格与要素成本的相对偏离，包括低工资、低汇率、低利率以及低矿产资源价格。改革后，要素市场扭曲并未得到有效缓解和改善。在资本市场中，资本价格处于被管制的状态，并且不同性质的企业向银行申请信贷业务的条件是存在差异的。卢峰和姚洋（2004）调查发现，中国非正式金融机构的利率普遍比官方要高出 50%~100%，国有银行向中小企业提供贷款时，一般都是基准利率上浮 10%~50%。许经勇（2007）认为，在我国劳动力市场中，存在严重的价格扭曲与市场割裂问题，这些问题不但在垄断和非垄断行业中存在，而且在城市的农民工劳动力市场和市民劳动力市场中也不同程度地存在。我国属于典型二元经济结构，农村剩余劳动力众多，并大量向城市或非农产业转移，由于劳动力众多，导致我国劳动要素价格增速与国家经济增速一直处于不均衡状态，同时大量农村剩余劳动力挤向城市劳动市场，导致城市劳动市场就业压力加大。在土地市场中，政府具备土地一级市场的垄断权利，可采用补偿等方式征用农用土地，或者依据城市规划变更土地使用类型。可见，诸如此类的要素价格扭曲现象不但会造成资源配置的无效率、挫伤市场中的潜在创业热情，同时也会增加现有企业的创业成本和创业风险，降低社会中的创业活力，从而严重影响我国“大众创业、万众创新”战略的实施。

目前，中国呈现出经济新常态，增长速度由高速转为中高速，促增长、保稳定、转方式、求创新将成为目前和未来一段时间内我国经济社会发展的核心要务，在发展进程中，“双创”战略将发挥举足轻重的作用。鉴于此，本书以要素价格扭曲为视角，以创业为对象，研究了要素价格扭曲对中国区域创业水平的影响，以观测要素市场对大众创业战略实施过程的阻碍。

第二节　相关概念界定

一、创业与创业水平

1. 创业的界定

早在20世纪初，Schumpeter（1911）就在创业理论中明确提出了创业的概念。Schumpeter认为，创业是把生产要素进行重组的“破坏性创造”过程，通过新企业的建立诱发经济偏离均衡状态，促进经济增长。Kirchhoff（1994）详细阐明了创业过程：①找到一个能够商业化的发明；②把发明转变为一个可以在市场中销售的产品或是服务；③成立或找到公司销售产品或服务；④获取运营公司与销售产品或服务的资源；⑤运营企业并获得维持企业长期生存与发展的利润。历经多年发展，尽管关注创业问题的学者数量不断增多，然而现阶段学术界对创业并没有一个统一定论，众多学者从不同视角提出了自己不同的见解。综合已有的研究，创业的定义可划分为狭义的创业和广义的创业。

在狭义上，创业是创造新的组织形式的过程，是具有创业意愿和风险承担能力的创业者发起、维持和发展以利润为导向的企业的有目的性的行为。这种观点共包含两方面内容，即创建新企业和企业内部创业（Drucker，1985）。在此基础上，Reynold等（1999）提出，创业是个体或组织对新风险创造的探索，如一个人或一个团队产生的雇用、新企业或已有企业的扩张。

Naude 和 Gries（2011）认为，创业是创业者利用现有资源和状态，找到市场机会，创造新企业的过程。

从广义上讲，创业是打破现有资源束缚，探寻发展机会，整合、重组资源，创造出更多价值（张玉利，2011）。整体来讲，只要是实施价值创造的过程，均可归为创业的范畴，比如创办营利性或非营利性组织，创办不同规模的事业，创办各类组织等（Drucker，1985）。因此，广义上的创业在狭义的创业基础上再次进行了拓展，不仅包括新企业的建立，同时还包括一切自发的营利性和非营利性的组织形式，只要这种组织形式进行了价值创造的过程，都属于创业的范畴。

2. 创业水平的界定

通过以上对创业的定义可以看出，创业是一个多维度的动态概念，若要将创业作为一个变量放入整个宏观经济中，考察创业的各类影响因素及创业在经济体中发挥的作用，首先需要找到一个可度量和可比较的概念将其量化。通过对以往研究的分析，本书最终选择了国家总理李克强在 2018 年 3 月举行的十三届全国人大一次会议上提出的“创业水平”这一概念，作为衡量我国不同地区创业程度的标准。①

创业水平是一个融合了创业效率、创业活力、创业质量等多种概念的综合体，是一个可以进行量化和测算的概念。通过对不同地区创业水平的测算，不仅可以更加全面地研究该地区的创业程度，而且可以更加直观地研究该地区的创业进程；同时，也可以将创业水平作为一个经济变量放入各类经济模型中，实证研究创业在宏观经济运行中的作用。

“创业水平”一词多次出现在国内学者的学术研究中，其中，李梅芳等（2013）在国家自然科学基金项目中以区域创业水平为研究对象，研究了大学—产业—政府三螺旋体系对区域创业水平的影响机理。② 这些学者在随后的研究中进一步揭示了三螺旋体系内部运行的“黑箱”，从三螺旋体系的螺旋间合作、网络关系、互补协同三个特征维度出发，并以区域创业环境为中介变量，

① 2018 年 3 月 6 日，李克强总理在十三届全国人大一次会议广西代表团审议时提出，“未来要把培育新动能作为抓发展的重要着力点，深入实施创新驱动发展战略”，“构建各类市场主体合作融通、共建共享的创新平台，提升创新创业水平和质量”，正式提出了“创业水平”这一概念。

② 具体参见国家自然科学基金项目“大学—产业—政府三螺旋体系对区域创业水平的影响机理研究”，项目编号：71203028。

实证研究了上述三个方面对区域创业水平的影响。① 房宏琳和刘阳（2012）以文献综述的方式系统梳理了国内外区域创业水平的测算方法，并将创业水平的测算方法划分为四类。② 随后，高兴民和张祥俊（2015）通过空间计量模型，采用广东省21个地级市的面板数据实证研究了地区创业水平的影响因素，并指出集聚效应、创新水平、市场规模、地区空间相关性是影响地区创业水平的关键因素。③ 2016年，浙江大学管理学院发布《2016浙江省创业发展报告》，提出了"创业发展水平"这一概念，对原有的"创业水平"概念进行了补充，但两者在本质上是一致的。④

可见，创业水平是一个可以进行测算的概念，若要研究创业在经济体中的作用，首先需要对该地区的创业水平进行量化和测算。具体的测算方法将在本书文献综述部分和第二章相关部分中进行阐述。

二、要素价格扭曲

要素价格扭曲指在生产过程中，当要素市场处于非完全竞争或扭曲状态时，要素价格不能准确反映出供求结构变化，使生产要素实际价格和边际产出出现偏离，形成要素价格扭曲。依据扭曲表现形式，可将要素价格扭曲分为两种：价格相对扭曲、价格绝对扭曲，前者指单个要素价格与边际产出间出现偏离（Lau and Yotopoulos，1971；Atkionson et al.，1980）；后者可分为正向与负向两类，正向扭曲指边际产出小于要素实际价格，负向扭曲指边际产出大于要素实际价格。要素价格相对扭曲包含两层含义：生产要素相对价格扭曲程度与要素相对价格效率（Relative Price Efficiency），比如，不同地区或企业的工资—租金率（w/r）不同（Johnson，1966；Mundbk，1970；Maggee，1973）。

依据要素价格扭曲概念，可推演出要素价格绝对扭曲与相对扭曲的函数表达式，具体推导过程如式（1-1）~式（1-9）所示。

---

① 李梅芳，王俊，王彦彪等．大学—产业—政府三螺旋体系与区域创业——关联及区域差异［J］．科学学研究，2016，34（8）：1211-1222.

② 房宏琳，刘阳．国内外区域创业水平测量方法及研究综述［J］．理论探讨，2012（5）：102-107.

③ 高兴民，张祥俊．地区创业水平影响因素的空间计量分析［J］．中国科技论坛，2015（4）：94-99.

④ 资料来源：http：//science. china. com. cn/2017-04/07/content_ 9425558. htm.

假设企业在生产过程中投入劳动力、资本、能源、土地等生产要素，令P_1，P_2，…，P_n和X_1，X_2，…，X_n分别表示这些生产要素的实际价格和投入数量；令π、Q、C分别表示企业的利润、产量和成本。

企业生产函数为：

$$Q=F(X_1, X_2, \cdots, X_n) \tag{1-1}$$

成本函数为：

$$C=P_1X_1+P_2X_2+\cdots+P_nX_n \tag{1-2}$$

成本约束条件下产量最大化的拉格朗日方程：

$$L=F(X_1, X_2, \cdots, X_n)+\lambda(C-P_1X_1-P_2X_2-\cdots-P_nX_n) \tag{1-3}$$

由此可推导出企业利润最大化条件为：

$$\frac{\partial L}{\partial X_1}=F_{X_1}-\lambda P_1=0, \frac{\partial L}{\partial X_2}=F_{X_2}-\lambda P_2=0, \cdots, \frac{\partial L}{\partial X_n}=F_{X_n}-\lambda P_n=0 \tag{1-4}$$

即

$$F_{X_1}=\lambda P_1, F_{X_2}=\lambda P_2, \cdots, F_{X_n}=\lambda P_n \tag{1-5}$$

依据要素价格扭曲概念，生产要素绝对价格扭曲即要素实际价格和边际产出的偏离程度。因而，如果$\lambda=1$，则上述公式表明：在市场机制完善的条件下，$F_{X_1}=P_1$，$F_{X_2}=P_2$，…，$F_{X_n}=P_n$，要素边际产出与实际价格相等，要素价格不存在扭曲。

令$\frac{F_{X_i}}{P_i}=dist_i$（要素的边际产出与实际价格之比），若$dist_i\neq1$，说明要素存在绝对扭曲的情况，且$dist_i$表示绝对扭曲的方向；当$F_{x_i}<P_i$，即$0<dist_i<1$时，属于要素价格正向扭曲；当$F_{x_i}>P_i$，即$dist_i>1$时，属于要素价格负向扭曲。

由此可知，当在完善的市场条件下$dist_i=1$，表明各要素的边际产出与实际价格之比相等。此时：

$$\frac{F_{X_1}}{P_1}=\frac{F_{X_2}}{P_2}=\cdots=\frac{F_{X_n}}{P_n} \tag{1-6}$$

依据要素价格扭曲的概念，要素价格绝对扭曲等于要素边际产出和实际价格两相减的差值，令：

$$dist'_i=F_{x_i}-P_i \tag{1-7}$$

当$dist'_i>0$时，表明要素i存在价格负向扭曲；当$dist'_i<0$时，表明要素i存在价格正向扭曲。

除了要素价格绝对扭曲之外，要素价格还包括相对扭曲，令：

$$dist_m = \frac{dist_i}{dist_j} = \frac{F_{X_i}}{P_i} \Big/ \frac{F_{X_j}}{P_j} \tag{1-8}$$

$dist_m$ 表示在同一个部门、企业或区域的要素 i 和 j 之间的相对扭曲程度，如果 $dist_m \neq 1$，表明要素价格存在相对扭曲。另外，$dist_m$ 可以反映相对扭曲程度和方向：当 $0<dist_m<1$ 时，属于相对价格正向扭曲；当 $dist_m>1$ 时，属于相对价格负向扭曲。如果两个不同部门、企业或区域（m 和 n）中有多种生产要素，可假设：

$$dist_m = \gamma dist_n \tag{1-9}$$

通过观测 γ 的值，即可判断出不同部门、企业或区域间是否有要素价格相对扭曲的问题，γ 值越接近 1，表明要素自由流动程度越高，相对扭曲程度越低，要素市场越接近于完全竞争状态。

第三节　文献综述

为了系统检验要素价格扭曲对我国区域创业水平的影响，本书将紧紧围绕创业与要素价格扭曲两部分内容具体展开研究。同时，为了使研究内容更具有逻辑性，首先需要对以往研究中关于创业和要素价格扭曲两方面的文献进行回顾，从而查漏补缺，找到研究的逻辑起点和方向。

在关于创业方面的研究中，本书首先分析了创业在国民经济增长中的作用，其次总结了在现实社会中影响区域创业水平的各类主客观因素，最后回顾了国内外研究中测算创业水平的各类方法和衡量指标。

在关于要素价格扭曲方面的研究中，本书首先梳理了扭曲理论的发展历程，其次阐明了要素市场扭曲的相关概念，再次具体分析了要素价格扭曲的形成原因，最后梳理和比较了要素价格扭曲程度的各种测算方法。

通过对创业和要素价格扭曲两方面文献的客观评述，本书找到了以往研究中的不足，指明了本书的研究方向。

综上所述，文献综述部分的研究内容如图 1-1 所示。

一、创业对经济增长的影响

自 20 世纪 90 年代开始，由于创业对国家经济发展和价值创造具有重要

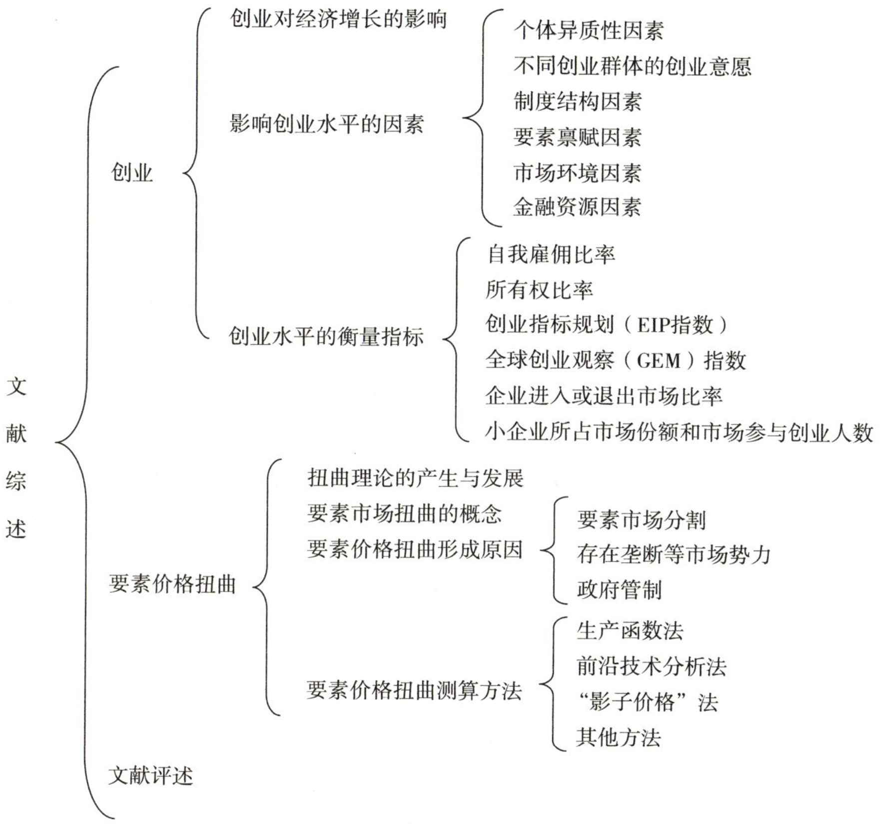

图 1-1 文献综述的研究内容

作用，创业日益受到经济学家的重视，关于创业的研究话题不断增多，部分经济学家提出，“双创经济”将成为 21 世纪经济发展的新增长点。该观点反映出创业是一种重要的生产要素，在推动国家和地区经济健康长久发展中发挥积极作用。早在 20 世纪 30 年代，Schumpeter（1934）就在《经济发展理论》中论述了创业与经济增长之间的关系，认为企业是一系列创业行为和活动的执行者，是促进经济发展的关键驱动力。

20 世纪 80 年代后，经济学的发展催生出新经济增长理论，技术进步从外生变量逐步转变为内生变量。以 Romer 和 Lucas 等为代表的学者对内生经济增长理论进行了深入探究，并把企业置于内生经济增长框架中，得出企业是推动经济增长的关键要素的结论：经济增长是经济系统内生因素作用得出的结果，而非外部力量产生的结果，内生技术发展是推进国家经济增长的必备要素，而企业是推进某个地区经济发展的主要因素之一；Wennekers 和 Thurik（1999）运用现代计量经济法从不同角度探究创业和经济增长的内在联系以及彼此间的因果关系，研究结果显示，新企业比率和 GDP 增长正相关，在社会中营造出良好的创业氛围，可有效推进国家经济增长；Audretsch 和 Thurik（2001）基于内生增长理论，从国家宏观层面探究了企业对经济的促进作用，创建了企业利用知识扩散促进经济发展的机制；Fritsch（2002）指出，企业具备区域性特点，不同区域间企业对经济产生的促进作用存在较大差异。

改革开放后，特别是 21 世纪初期，随着企业在促进经济发展中的作用日益凸显，这逐步引起国内学者的重视，并展开一系列研究。鲁传一和李子奈（2000）基于前人研究，提出把企业纳入经济增长理论进行研究的设想；李新春（2001）提出，21 世纪背景下，中国经济的发展不再是产权改革或是国企私有化的成果，更多的是依靠企业管理者的创业和创新精神；庄子银（2005）指出，在经济发展中，若社会中的创业意识薄弱，则其经济就无法实现可持续性增长，因此，创业意识是决定经济持续增长的关键因素；高波和靳卫东（2008）指出，企业的创业精神是社会中的一种宝贵资源，体现在企业文化和企业特质两方面，此部分因素会对企业创业行为产生影响，是整体要素生产率与经济增长的决定性要素。若企业创业意识较强，内部管理体系完善，或者职工具备高度工作热情，将会促进整个社会要素生产率与经济增长率的提升。

除理论研究外，多位学者以定量的形式从不同角度探究了创业对经济发展带来的作用。Tony 和 Fu（1998）以香港为例，探究了创业和香港经济增长之间的内在联系，通过对比香港经济数据，得出结论：香港经济发展很大程度上依赖于适应性创业激情，企业适应性行为对优化经济和产业结构都具有经济作用，可以有效推动香港经济发展；Audretsch 和 Thurik（2001）运用实证法探究了创业和国家经济增长之间的内在关联，他们选择用小企业经济活动份额与自我雇佣比率两个指标来判断企业创业水平，并结合国家经济发展数据，探究了两者间的关系，通过研究不同时期 OECD 国家的多种样本，最终得出结论：创业能够使国家经济持续增长，并有效降低失业率；Audretsch 和 Keilbach（2005）以联邦德国 327 个地区 1992~2000 年的数据为研究样本，基于 C-D 生产函数建模，实证探究得出创业能够有效提高劳动生产率，进而推动经济增长的结论。

不仅如此，国内学者何予平（2006）把创业引入 C-D 函数，选择将私有企业进入市场比率作为衡量地区创业水平的主要指标，深入探究了创业对经济增长产生的作用，实证研究显示，创业对中国经济的发展具有显著促进作用；李萍和张迎雪（2006）选择将辽宁省作为研究对象，通过构建经济数学模型，分析了创业对辽宁省经济增长的影响，研究结果显示，企业在生产过程中的要素资源越多、地区创业活力越充分，当地经济增长的动力就越强；杨宇和郑垂勇（2008）认为，企业对经济发展的促进作用是通过创新与创业两种行为实现的，基于该理论，两位学者利用定量的方式对我国东部、西部以及中部的双创水平和经济增长的内在联系进行了探究，并对国内不同地区企业创业对地区经济发展的贡献程度进行测算；李杏等（2009）选择中国1983~2003年省级面板数据作为研究样本，通过构建增长回归分析模型，把创业变量纳入模型中，并利用广义矩估计法，探究创业对经济增长产生的影响，结论表明，企业创业对经济发展具有积极正面效应，稳健性分析以及工具变量估计结果显示，该正面效应具有因果性特点，即创业有利于推动经济发展；邹欣（2016）结合2002~2011年全球28个国家的全球创业监测数据和世界银行数据，系统探讨了创业对区域经济增长的影响，指出创业不但能够促进经济体在总量上的增加，而且还能够促进经济结构的转型升级。

二、影响创业水平的因素

进入21世纪以来，随着全球一体化进程的逐步推进，国家间的竞争激烈程度不断提高，越来越多的经济学家逐渐意识到企业在提高就业率、促进技术发展、提高国际竞争力、推动经济发展方面产生的积极作用，并展开了诸多关于创业理论的研究。但是，随着全球经济的日益发展，不同国家和地区的创业水平具有较大的差异。那么，为什么一些国家和地区的创业水平较高，而另一些国家和地区的创业水平较低？究竟是什么原因加快或阻碍了这些国家和地区的创业步伐？

Lewin（1935）认为，创业水平由创业者的个体特性和创业环境①两方面因素共同决定。结合目前已有的各类研究结论不难发现，创业诚然是个人属性较为鲜明的行为，但是环境因素在其中的影响却是不可忽视的，创业环境和制度结构对创业的影响无处不在（Kirzner，1973；Casson，1995）。在过去

① 所谓创业环境，本质而言就是创业者可以发掘应用的技术、资源等生产要素的统称（Kirzner，1973）。

的研究中，大部分的创业者将发展机遇视作一种必然存在的事物，对创业环境各类因素的资源、要素分配的影响知之甚少，而创业机会实际上受到社会价值取向、规章制度等多个要素的作用，并最终导致创业水平出现变化。

综上所述，可将创业水平的影响因素大致分为两类：第一类为创业者的主观影响因素，包括创业者的个体异质性和不同人群的创业意愿两种因素；第二类为创业环境的客观影响因素，包括地区内的制度结构、要素禀赋、市场环境和金融资源四种因素。因此，可将上述两类影响因素细分如下：

1. 个体异质性因素

创业活动中的主体是创业者本身，创业者的个体异质性因素会对企业创业产生直接影响。学者通常认为，某一特定群体更具备成为创业者的潜质。如果针对个人的统计性特征进行分析，则相应的主要影响要素则为性别、年龄、收入等，从 Allen 等（2007）的研究来看，2006 年，德国境内男性创业比率较女性创业比率高出 1 倍不止。尽管在个人特征上男女差别有限，但是男性创业可能大于女性依然是客观事实（Brush，1990；Arenius and Minniti，2005）。

然而在其他的实证研究中，不难发现创业者在年龄方面也存在明显的趋同特征，其创业年龄集合为倒“U”型分布状态（Modragon-Velez，2009）。相对年轻的创业者能够更好地收集信息、掌握信息，创造力表现也更为出类拔萃，这类创业者往往在环境出现变化、企业发展遇到挑战时，处理得更为平衡与合理（Ryan et al.，2000；Florida，2002）。相对年老的创业者则表现出更丰富的知识经验积累，但不可避免地在体力、反应能力等方面表现不佳，很难及时应对复杂变幻的市场风云（Kaufman and Horn，1996；Liang et al.，2014）。简单来说，平均年龄在 30~45 岁的男性创业者往往会更容易创业成功（Glaeser，2007）。

此外，Ndubisi 等（2003）认为，创业者受教育程度越高，拥有的创业技能越多，成为企业家的概率越大。基于这一结论，诸多学者提议政府应当结合当地实际，制定人才引进战略，以各类帮扶优惠政策引流高素质的创新创业人才，助力当地经济发展。但是，关于教育程度与创业正相关的结论，国外部分学者提出了不同看法，Berkowitz（2005）、Furdas 等（2010）认为，创业本质上是一种冒险行为，创业者受教育程度越高，其获得稳定工作的概率就越大，创业时所承受的机会成本就越高。因此，受教育程度在某种意义上会抑制创业者的创业动机，从而减少社会中的创业活动。

最后，个性特质方面，创业者自身的工作态度、心理素质、人际交往能力等要素也是非常关键的。Arenius 和 Minniti（2005）认为，创业活动往往发生在具备更好的主观感知能力和有明显创业偏好的人群。他们对创业者的一些主观感知要素进行了归类，认为对创业机遇把握的敏锐性、对创业失败的处理心态以及对自身能力的自信等要素是决定创业活动是否展开的主要“感知变量”，并着重探讨了这些变量在创业中可能产生的作用。其研究结果显示，“感知变量”的作用是不可忽视的，“感知变量”应当作为创业的关键影响要素。然而 Antoncic 等（2015）在针对创业者个人性格的分析过程中，提出了智力活跃也是个体创业成败极具决定性的要素的观点：智力思维较为活跃、想象力更开阔的人群，将会对创业抱有更高的积极性和热情；人际交往能力更好、个性更开朗的人相比于个性较为内敛的人显得更热衷于创业。

2. 不同创业群体的创业意愿

国内外学者在研究不同创业群体的创业意愿时，首先将创业群体划分为农民群体和大学生群体，然后通过对比分析，重点研究这两个群体的创业意愿是否存在差异，以及造成这些差异的深层原因等。作为有着悠久农业历史的农业大国，我国农民群体的数量实际是非常庞大的，对农民创业、职业转型的研究，是我国经济结构改革进程中不可忽视的一环。大学生群体具备更高层次的文化素养，是社会发展的中坚力量，其创业意愿更展现出了当代青年群体的创业心态，对我国创业引导政策的制定与调整具有重要的参考价值。

有部分学者针对农民群体的创业意愿和绩效问题开展了分析研究，张益丰和郑秀芝（2014）在收集了我国三个省份的有关数据后，开展了有针对性的实证分析，探讨了农民创业意愿的影响因素。从其研究结论来看，创业者的个人能力、创业产业的地方发展样态、政策帮扶力度等都与农民创业积极性表现出正相关关系。卢亚娟、张龙耀和许玉韫（2014）对 Charls 数据库中 806 个农户样本进行了分析，研究结果表明，提高金融支持对农民创业意愿存在激励作用，而当前我国农村地区的金融约束依然较为严重，这极大地束缚了农民的创业热情。郭红东和丁高洁（2013）的研究结论显示，市场关系、社会关系对创业的影响尤为明显，优化社会关系网和创业绩效是促进农民创业的重要途径。

还有部分学者主要针对大学生群体的创业意愿开展了研究。向春和雷家骕（2011）通过对869名清华大学在校生进行问卷调查，发现创业态度对创业积极性的影响是非常突出的，学生个人特质更是与创业意愿的高低密切相关。王静（2011）曾就北京地区大学生的创业问题开展过实证分析，指出大学生创业存在的突出矛盾就是能力较为薄弱，政策扶助和创业引导措施有限。高日光、孙健敏和周备（2009）对大学生创业的动机因素进行了收集梳理，以分析大学生创业的目的，指出大学生创业的动力多半是源自家庭期许、自身的财富渴求或是自我价值追寻等。

3. 制度结构因素

对于转型经济体而言，某些制度结构同样会对中国的区域创业水平造成影响。中国企业在国际市场中如何站稳脚跟，取得竞争优势，除了依靠企业自身实力和企业家的努力外，还取决于国家的经济制度环境（张维迎、盛斌，2005）。自改革开放以来，中国政府基于国有经济体制，大力促进非公有制经济发展，采用市场经济“增量”形式以促进市场主体形成，积极培育市场机制，在体制外营造出一个良性竞争的市场环境；同时，借助市场力量推进体制内部改革和优化，以此在市场化进程中不断提高非国有企业实力，使其在国家经济发展中做出应有贡献。我国市场化进程的持续推进和市场经济体制的日趋完善，最终为企业创业创造了强有力支撑。

在我国市场化改革进程中，中国一直坚持对外开放的发展路线，而对外开放也是我国市场化改革能够取得成功的一个关键因素。一方面，对外开放是与外界联结，对内部进行多层次、全方面的改革；另一方面，对外开放的持续推进为市场化改革奠定了基础，并提供了发展驱动力。我国对外开放进程的持续推进和深化，在较短的时间内，给劳动密集型与资源型企业带来了快速发展的机遇。这些企业通过加工生产发达国家不再生产或是较少生产的产品，以价格优势占领市场，所生产的产品多为生活日用品，在各国依然有较大的市场需求。此外，改革开放也为我国纺织、食品加工以及钢铁等行业创造了发展机遇，为中国企业的创业活动提供了必要条件。

4. 要素禀赋因素

从生产者理论来看，创业者只有在具备了一定的生产要素之后，才能够展开具体的创业活动，而生产要素体系中起到决定性作用的生产要素有资本、劳动、技术、人力等。Klink（2001）认为，创业所在地区的要素禀赋是影响创业成功率的主要因素，例如，倘若某个区域蕴藏着大量的某类自然资源，创业活动中涉及该资源的企业就会在该区域聚集，在市场机会的激励下，会有更多的企业成立，并开发出新的产品。

肖德勇和胡援成（2007）选择中国各省份面板数据作为研究样本，对经济发展门槛效应进行了评估，最终得出的观点与Klink不同，他们认为，某地区具有丰富的要素禀赋，有一定概率会遏制中小企业的创业积极性，对创业产生不良影响，这被称为“资源诅咒”。盛斌和张维迎（2005）指出，并非所有企业都保持着同样的生产要素使用密集度，就国内情况来看，地区要素禀赋的不同会导致不同类型企业的创业成本与创业难度产生相对差异，从而会对创业活动带来一定影响。

5. 市场环境因素

市场环境因素是指创业活动发生后影响企业正常经营的所有外部因素，包括国家政策、社会文化、福利因素、地理因素以及经济因素等。创业能否成功、企业能否实现可持续发展，与市场环境因素息息相关。首先，当市场需求较大时，容易形成规模经济，这会促使企业选址靠近原料产地，并在当地形成产业生态圈，缩减运输成本。较少政府规模指弱化政府对市场的管制，减少行政干预程度，从而为企业拓宽市场带来更多的激励。另外，随着经济全球化进程的快速推进，以及国内外贸开放水平的逐步提升，一大批外国产品进入国内，对企业创业行为带来了一定影响。其次，Rosenthal 和 Ross（2007）指出，若地区治安较差，违法犯罪事件较多，会对企业的正常经营产生诸多影响，因此，企业的创业行为会更容易在制度完善、社会治安良好的区域发生。再次，Rosenthal（2005）将研究视角放在地理因素方面，全方位探究了地理因素对创业的影响，研究结果显示，企业为降低经营成本，会更倾向于选择在沿海或是道路基础设施建设完善的区域展开创业行为。最后，Rosenyhal 和 Strange（2005）从政策层面出发，指出创业氛围、社会环境以及基础设施建设是导致不同区域创业行为活跃与否的关键因素。

6. 金融资源因素

金融资源因素从种类上既属于要素禀赋因素，也属于社会环境因素，对企业的创业行为具有重要影响。在创业影响因素研究方面，多数研究结果表明，在大部分国家中，金融资源的易获取性对创业意愿和动机会产生极大的影响，并且在经济体的转型过程中，该情形只会日益凸显（Cagetti，2006；Andrew，2007；Mandelman，2009）。在经济发展进程中，金融资源一直都是不可或缺的必要资源，采取何种措施才能有效破解企业创业时期的融资困境，一直是社会各界关注的重点问题。

健全的金融体制是促进创业发展的必要条件。Love（2001）指出，健全的金融体制不但能够给创业者提供安全、稳定且具有较强流动性的金融产品，而且能够帮助创业者克服早期资金不足的困境。Wennekers（1999）以跨国数据为研究样本，探究了金融体系完善与否对强烈依赖于金融资源行业的成长影响，结果显示，在金融体系健全的背景下，对融资需求较强的行业成长性相对更强，其在行业中的创业活跃度也更高。相反，在金融体系不完善的国家，企业创业会受到诸多阻碍，人们的创业积极性较低。此外，还有一种看法是随着金融机制的完善和行业良性竞争发展，金融组织处理信息的能力会随之增强，这些组织不仅能保障金融体系信贷分配不至于承担过高压力，而且还会对信贷分配效率予以显著优化。正如 Demirguc 和 Maksimovic（1998）所言，金融市场机制完善的背景下，企业不但可从金融机构获取发展所需的资金，同时也能确保企业经营者及时了解到与自身发展决策相关的关键信息，实现资金的快速抓取和良性流动。张军等（2008）提出了“金融自由化指数”的概念，对金融资源分配的市场化效率进行了分析阐述，并对中国金融市场自由改革过程中企业创业所面临的外部融资束缚进行了简单分析。

相比于完善的金融体制，Guzman 和 Mark（2000）指出，垄断性市场结构会对信贷分配产生诸多影响，创业者必须依靠自身力量积累足够原始资本后才能进行创业，这使创业时间大幅延期，因而抑制了创业的积极性。Beck（2003）以 74 个国家作为研究样本进行了研究，其研究结果显示，银行集中度的提升将会提高企业的借款难度，对企业创业尤其是创业的初期阶段造成严重的负面影响。但是，还有一种观点指出，垄断性的银行结构会对企业创业初期的贷款融资更为有利，Allen 等（1999）指出，具备垄断能力的银行相对而言更偏好创业型中小企业，以投资形式扶持它们，以期在未来获取更多的资本回报。Marquez（2002）的研究指出，银行业内的竞争不断加剧，必导致借款人信息分散程度的扩大，并且致使银行不得不在借款人信息筛选方面投入更高成本，从而导致银行效率较低，企业创业获得贷款的难度加大。

对上述创业水平影响因素的具体分析如表 1-1 所示。

表 1-1 创业水平的影响因素与文献来源

创业水平的影响因素		具体因素	相关文献
主观因素	个体异质性因素	创业者年龄及受教育程度	Glaeser（2007）； Berkowitz（2005）
	创业意愿因素	不同创业群体的创业意愿差异	张益丰和郑秀芝（2014）； 卢亚娟等（2014）； 向春和雷家骕（2011）； 高日光等（2009）
客观因素	制度结构因素	经济制度	张维迎和盛斌（2005）
	要素禀赋因素	要素资源	Klink（2001）； 张维迎和盛斌（2005）； 胡援成和肖德勇（2007）
	市场环境因素	社会经济、文化、福利水平	Rosenthal 和 Ross（2007）； Rosenthal（2005）； 袁红林和蒋含明（2013）
	金融资源因素	金融市场结构的完善程度	Wennekers（1999）； Allen 等（1999）； Guzman 和 Mark（2000）； 张军（2008）； 蒋含明（2014）

三、创业水平的衡量指标

自 20 世纪后半叶开始，越来越多的学者试图对创业这一概念进行界定和量化，这些研究为当代创业水平评估提供了重要参考。Covin（1986）率先提出了创业水平的衡量指标，该学者基于传统企业的定位策略，提出影响创业水平的关键要素在于资源获取的难易程度，其从这个角度出发对衡量创业水平的相关指标进行了选择，并从创新性、冒险性以及开拓性等方面编制了衡量创业水平的《度量表》。随后，多位学者对《度量表》进行了补充与完善。然而，《度量表》也有很大的局限性，它只度量了创业行为这一单一维度，而对地域、环境以及政策等因素产生的影响并未考虑。最后，部分经济学家在探究区域创业水平时，参考了产业经济学领域的研究结论，以创业整体情况作为切入点，通过以下指标来衡量区域内的创业水平：自我雇佣比率、企业所有权比率、小企业市场份额占比、企业进入退出比率等。

1. 自我雇佣比率

自我雇佣比率（Self-Employment Rate）是 Ausdretsch 和 Thurik （2001）结合 OECD 劳动力数据构建的创业水平分析体系。在该体系中，他们将创业界定为一种对自我的雇佣，将自我雇佣者在劳动力整体中的比率视作创业水平评估的关键。在这一评估体系中，自我雇佣者被进一步予以划分：一是指于特定阶段内，出于利润、家庭收入增长等需求而从事工作的群体；二是指部分拥有企业但基于某些特殊因素，并未工作的人。Evans 和 Leighton（1989）将美国作为研究对象，探究了影响自我雇佣比率的各类因素，实证表明，自我雇佣比率主要和工作经验、失业状况等因素有关。

不过自我雇佣比率的测算暂且没有清晰的规定和说明，自我雇佣人数应当与哪一类分母作比较，在理论界依然存在不少争议。Blanchflower （2004）主张将分母界定为地区内的总就业人数（剔除农业人口之后），通过对全球各个国家的分析，发现创业水平在 GDP 相对偏低的国家更高，并且绝大部分国家的创业水平都呈现出了不同程度的下滑趋势，唯有英国与捷克保持着上扬势头。随后，Parker 和 Robson （2004）将自我雇佣率的分母界定为非农就业人口、失业人口的总和，发现在 OECD 国家中，瑞典和英国的创业水平保持着相对较好的增速，而日本与法国的创业水平则表现较差。

2. 企业所有权比率

所有权比率实际上是指企业主所占比率（Business Ownership Rates），可将其理解为在劳动力总人数中创业者的人数占比，大部分数据同样来源于 OECD 国家的劳动力数据。运用这一方法，Audretsch 等（2002）、Wennekers（2002）等测算出了 1974~1998 年 23 个 OECD 国家的创业水平。总体上讲，所有权比率与自我雇佣比率在评估范围方面固然存在一定的差异，但其差别相对有限，并且两者都是对 OECD 国家创业水平的评估。相比于自我雇佣比率，企业所有权比率覆盖范围更为广泛，所有者（创业者）除了自我雇佣者以外，还包括企业股东。然而，需要注意的是，所有权比率也有着不可忽视的缺陷，该指标囊括了企业股票所有者，而并非只有创业者，由此使得创业的范围大幅扩大（Audretsch et al.，2002；Carree et al.，2002）。该指标虽然有一定缺陷，但所有权比率的优点也极为明显，一方面，该指标虽然不能全面反映企业的创业行为，但可以近似地反映企业的创业行为；另一方面，该指标支持衡量不同地区和不同时间的企业创业行为。

3. 创业指标规划（EIP）指数

鉴于在创业水平的衡量过程中存在诸多分歧，各地区创业水平之间的可比性也相对较弱，政策制定很难以此为参照。OECD 国家于 2006 年首次颁布了创业指标规划 EIP（Entrepreneurship Indicators Programme）指数，试图实现对不同国家间的创业水平的对比，并为政策制定提供更高的参照价值。该计划鼓励国家之间积极合作，对已有创业水平测量指标进行进一步完善。简单而言，EIP 指标由四个部分构成，即规范的创业计分板或提纲、现存和新标准的国际数据编写、创业测量指南和发展国际创业数据的 OECD 网络，由此实现全方位、系统化的创业水平分析。由此开始，创业水平的衡量不再由单个指标构成，而成为多个指标的综合体，这样测量结果也更为客观和科学。相比于自我雇佣比率和所有权比率，EIP 指标的优势非常明显，它进一步扩充了对创业水平的衡量范围，使一些个人层面、公司层面的测量都得到了显著改善，而不是仅仅局限于创业的内部活动。然而，EIP 指标同样也存在突出的缺陷，在将其代入不同国家或地区时可能会出现磨合的问题，导致测算结果的可靠性大幅下降。

4. 全球创业观察（GEM）指数

全球创业观察（GEM）指数于 1988 年由伦敦商学院首次提出并使用，主要用于分析全球范围内创业主体的创业动机，包括机会驱动型创业活动（Opportunity Entrepreneurial Activity）和必要型创业活动（Necessity Entrepreneurial Activity）两部分内容，通过对各个地区的创业水平加以细分和拆解，以期对发达国家和发展中国家的创业水平进行对比。GEM 指数对创业个体之间的差异也非常关注，如女性创业群体的问题，创业主体的主要动机等。GEM 指数的创业数据在各国创业政策拟定方面起到了至关重要的作用。具体而言，GEM 指数主要涵盖三类创业活动的测量，即总体创业活动（TEA）、企业创业活动（FEA）和社会创业活动（SEA），相对而言，TEA 指数的使用频率最高，它代表了某一特定区域内新生创业者和新生创业企业主的总量。以此为起点，国内外诸多学者借助 GEM 数据展开了实证分析研究，以期对创业理论加以完善。Cowling 和 Bygrave（2003）采用 GEM 数据中的 TEA 指数探讨了创业水平和失业率之间的作用机制，在对比多国的相关数据后，发现了两者之间的变化关系，即当失业增多时，创业水平会提高，但当失业保险增多时，创业水平的增速则会减缓。邹欣（2016）同样以TEA指数衡量了全球不同国家的创业水平，指出了创业水平与区域经济发展之间的密切关系。

5. 企业进入或退出市场比率

企业进入、退出机制是产业经济学领域研究的重要课题。“进入”是指企业进入一个全新的业务领域，具体来讲，就是企业开始生产或提供某个市场中原有产品或服务的替代品。在研究“进入”问题时，通常将重心集中在四个方面，一是进入比率，二是“净”进入比率，三是进入渗透比率，四是进入者平均寿命周期。“退出”是指企业撤出以往所在的业务领域，具体来讲，就是企业放弃生产或提供某个市场上的产品或服务。关于退出问题方面的研究，一般都是运用退出比率与净退出比率进行研究。产业经济学领域的研究成果显示，对于具备多种性质的企业经济体而言，最明显的特点就是新企业和新生创业者的高生产率与高企业更替率。一个行业或地区的进入、退出频率越高，说明该行业或地区企业家的创业行为越积极。企业更替率越高，说明地区经济环境越好，越能提高优质创业者的创业成功率；而对于不成功的创业者，只能选择调整业务或者退出。

因此，多数学者把企业进入、退出比率当作衡量地区创业水平的主要指标之一。Caves（1998）、Geroski（1994）研究发现，企业频繁进入、退出会使行业内产生波动，而大量中小企业进入行为和创新行为能够促进市场结构朝着分散化的方向发展，进而提高生产率。Yu（1997）利用企业数量/每万人、企业进入比率以及退出比率这三个指标衡量和对比了我国香港与美国的企业创业活跃度。然而，用企业进入、退出市场比率来测算企业的创业水平也存在一定缺陷：一方面，当国家企业数量较多且市场机制不完善时，企业进出数据难以获取；另一方面，企业进入、退出市场比率无法有效反映企业的创业水平，例如，一些新型技术的研发和应用并不一定必须通过企业进入表现出来，通过产品市场扩大也能表现出来（何予平，2006）。

6. 小企业市场份额占比和市场参与创业人数

在产业经济学领域中，企业规模、市场结构、经济增长等指标间的内在联系是研究的重点内容。实证研究显示，相比于大型企业，中小企业的增长率更高，并且企业增长率与企业规模、经营年限成反比。由此可以推断，中小企业的增长率越高，市场中的创业水平将越高。因此，Audretsch和Thurik（2001）采用小企业市场所占份额来测算地区创业水平。部分学者还通过各种方式推算成年人群体中有意愿或者已经开始进行自主创业的群体所占的比率，并调查创业者的思维模式及其对待创业的态度。但是，创业体现在不同性质的企业中，使用小企业市场份额占比和市场参与创业人数来衡量创业水平未免过于局限，难以反映出区域创业水平的真实情况。

根据以上分析，可对创业水平的各类衡量指标进行归纳，具体如表 1-2 所示。

表 1-2 创业水平的衡量指标与文献来源

衡量指标	优势与（或）不足	相关文献
自我雇佣比率	优势：创业作为一种对自我的雇佣，自我雇佣者在劳动力整体中的比率是创业水平评估的关键 不足：自我雇佣比率的测算暂且没有清晰的规定和说明，自我雇佣人数的界定依然存在争议	Stanley（2004）； Davidet 等（2000）； Isabelet 等（2006）； 袁红林和蒋含明（2013）
企业所有权比率（企业主人数比率）	优势：企业所有权比率覆盖范围更为广泛，创业者除了自我雇佣者以外，还包括企业股东 不足：该指标囊括了企业股票所有者，使创业水平的衡量范围过大	Acs 和 Audretsch（1993）； Thurik（1999）； Carree 和 Thurik（2008）； Audretsch 等（2006，2015）
创业指标规划（EIP）指数	优势：进一步扩充了创业水平的衡量范围，使一些个人层面、公司层面的测量都得到了显著改善 不足：不同地区的 EIP 可能会出现磨合问题，导致测算结果的可靠性大幅下降	Carree 和 Thurik（2008）； Nadim 和 Anders（2008）
全球创业观察指数（GEM）	优势：GEM 指数的应用范围超越了简单的创业活动水平分析，而是上升到了创业与经济发展相关性的层次，对各国创业政策的拟定起到了重要作用	Cowling 和 Bygrave（2003）； 邹欣（2016）
企业的进入或退出市场比率	不足：一方面，当国家企业数量较多且市场机制不完善时，企业进出数据难以获取；另一方面，企业进出无法有效反映企业的创业水平	Audretsch 和 Thurik（2001）； Audretsch（2002）； 何予平（2006）
小企业所占市场份额与市场参与创业人数	不足：使用小企业市场份额占比和市场参与创业人数来衡量创业水平过于局限，难以反映出区域创业水平的真实情况	Ace 和 Audretsch（1993）； Audretsch 和 Thurik（2001）； Reynolds（2000）

四、扭曲理论的产生与发展

亚当·斯密曾指出，市场就像一只“看不见的手”，引导生产和消费。古典经济学理论主张在完全竞争的市场背景之中，可将市场视为一个具备价格预测与自我调节功能的理想模型。但是，因为现实中信息的不对称性、外部性等多方面的因素，市场失灵时有发生，因而完全竞争的组织形式只是理想模型，无法真正实现。

经过古典经济学的发展，现代经济学家则以“扭曲”来形容理想模型与现实的偏离。“二战”结束后，各国在重建经济的过程中，陆续发现各自的国内市场无法建立完全竞争的市场模式，现实中的市场不可避免地会出现各类失灵问题，因而抑制了国家的经济发展。此时，政府需要借助关税、配额等对国内进出口市场予以约束，从而保障国内相对不成熟的经济模式能够稳定成长和发展。因此，市场失灵理论中的扭曲问题已经成为现代经济学领域中的研究热点。

扭曲理论研究早在 19 世纪就已颇受关注，Caines（1874）、Manoilesco（1931）、Ohlin（1931）等学者在其著作中就经济扭曲问题进行了简要探讨。20 世纪 50 年代，Haberler（1950）、Lewis（1954）、Hagen（1958）等学者对扭曲理论进行了深入研究，总结了扭曲的外在表现及其产生原因。在此之后，Bhagwati 等（1969）、Fishlow 和 David（1961）、Johnson（1965，1966）等学者通过对扭曲理论的进一步探索和拓展，使扭曲理论得到了更加全面的发展。20 世纪 70 年代后，扭曲理论体系基本建成，Bhagwati（1971）对该理论内容进行了系统的总结，对“二战”后国际贸易研究得出的理论成果与政策进行了全面剖析，系统阐明了扭曲背景下的政策干预理论。他明确界定了市场扭曲的概念，划分出市场扭曲的不同类别，并对不同扭曲类型政策选择的优劣做出了详细论述。该学者的研究对完善扭曲理论发挥了极大的促进作用。Pattanaik（1970）将研究重心放在扭曲造成的福利损失上，指出相关政策的制定与执行应当以增加社会福利为前提。80 年代后，扭曲理论在贸易理论的基础上得到进一步完善，越来越多的发展中国家在开放经济政策的决策过程中，都将其视为关键的参考内容之一（Caves et al.，1982）。

在扭曲理论的分析研究日益深化的同时，不少学者开始将研究目光放到市场经济运行的各个维度方面，他们发现扭曲出现的根本原因在于市场与政府调节的失灵，如果经济活动难以推动资源在经济运行体系中保持最优配置状态，自然就会偏离和发生扭曲，这一结论基本涵盖了当市场作用难以发挥或者发挥有限时的各类情况。

五、要素市场扭曲的分类

Bhagwati（1971）、Chacholiades（1978）指出，开放经济背景下，“两商品”模型要达到帕累托最优状态，经济系统要实现最优化，就必须达到一阶条件，即 DRT = FRT = DRS。其中，DRT 表示国内生产边际转换率，FRT 表示国外边际转换率，DRS 表示消费边际代替率水平。但在现实状态下，由于国内外市场信息不对称等多方面的因素，经济活动通常不能达到帕累托最优状态，即不能同时满足上述公式中的三重关系，从而产生扭曲。基于该理论，可把经济中的扭曲划分为四种类型：一是 DRT ≠ FRT = DRS，贸易扭曲，DRT ≠ FRT，而 DTR = DRS，表明国外市场出现扭曲问题；二是 DRT ≠ DRS = FRT，生产扭曲，DRT ≠ DRS，但 DRT = FRT，表明国内市场出现扭曲问题；三是 DRS ≠ DRT = FRT，消费扭曲，DRS ≠ DRT，而 DRT = FRT，表明消费扭曲；四是 $DRS_1 \neq DRS_2$，要素市场扭曲，若生产要素对不同产品的转换率不等，表明市场机制的不健全，使要素价格和其边际产出出现相对偏离时的市场扭曲情形，即为要素市场扭曲。在上述四类扭曲中，要素市场扭曲是扭曲理论发展至今最受学者关注的问题。

生产要素是指在生产经营活动中利用的各种经济资源的统称，其在社会生产中有基础性地位。运行良好的市场经济中，生产要素应当是具有突出商品特性的，各项要素可以以商品形态在市场中自由流转，形成不同类别的生产要素市场。在现实中，由于要素市场机制不健全，要素的价格无法准确反映其机会成本，使生产要素在经济中无法实现最优配置，从而出现要素市场扭曲，这一问题事实上是各种形态的市场经济中的共性问题，并不仅限于欠发达的市场经济。Jones（1971）认为，国家以政策优惠或是财政支持的形式扶持生产要素时，很可能会导致不同产业的同类要素回报率出现变化，反而促使市场经济陷入扭曲困局，价格信号准确度大幅降低，配置失效，从而形成要素市场扭曲。

综观近年来要素市场扭曲的研究文献，经常出现要素价格扭曲和要素错搭两个词汇。生产要素进入市场后，会对市场资源进行配置，进而产生各类要素价格。当市场为完全竞争状态时，要素价格取决于产品供求关系，通过价格机制，能够准确反映出各要素在不同市场的稀缺程度。如果市场不是处于完全竞争状态而是处于扭曲状态，要素价格势必不能较好地体现出产品供求关系，从而产生要素价格扭曲。市场通常会根据要素价格对市场供求结构进行调节，而当要素价格扭曲后，企业无法依据比较优势选择产业与技术，造成要素资源配置扭曲，进而导致供求结构发生变化，资源分配效率降低，形成要素错配。由此，要素价格扭曲与要素错配往往是相伴发生的两种经济现象，当要素市场出现价格扭曲、价格机制无法准确反映生产要素的稀缺程度时，要素错配就出现了。总的来讲，要素市场扭曲涵盖的范围较为宽泛，而要素价格扭曲是其中最为关键的部分。基于此，大部分与要素市场的有关研究之中，学者们较为关注的是要素价格扭曲的分析。

六、要素价格扭曲的形成原因

Magee（1973）认为，生产要素在不同部门间的相对价格差异是导致要素价格扭曲的关键。她对要素价格差别的内容予以了进一步丰富，指出当市场中下列两类情形同时存在时，要素价格扭曲现象将会出现：其一，当一个或多个部门表现为要素价格相等，但要素边际产出和实际回报存在较大的断层；其二，与上一种情况完全相反，要素边际产出与实际回报相等，而不同部门的要素价格不等。该学者还指出，不管是一个还是多个差别，都有一定概率出现扭曲，但出现扭曲的概率并非100%。换句话说，扭曲必然意味着要素价格差别，但出现要素价格差别却不一定会导致扭曲。关于要素价格扭曲的深层成因，不同经济学家有着不同看法。综合具有代表性的要素市场扭曲成因研究成果，可将要素价格扭曲的原因分为三个类别：

1. 要素市场分割

要规避要素价格扭曲问题，使市场处于完全竞争状态和保证生产要素的自由流动是两个必备条件。若市场被分割或是存在某些因素阻碍要素自由流动，就有一定概率产生要素价格扭曲问题。劳动力市场分割理论充分诠释了这一情况。Doeringer 和 Piore（1971）、Tobin（1972）等最早对此方面展开了研究，并取得了一系列具有代表性的研究成果。这些学者认为，劳动力市场有主要与次要两类市场；在劳动力市场完善的情况下，工资是依据新古典经济理论边际生产力定律确定，而若市场存在分割问题，工资将不能依照这一定律确定；在两类市场中，工资会存在较大差异，前者工资要普遍高于市场工资，而后者工资低于市场工资。20 世纪 80 年代，以 Dickens 和 Lang（1985，1988）为代表的学者对市场分割理论进行了更为深入的探究，市场分割理论体系得到了进一步完善。学者以实证方式对劳动力市场价格扭曲的成因进行了分析，指出当劳动力市场存在分割时，次要劳动力市场逐渐向主要劳动力市场转移过程中，必然会出现非经济壁垒的限制问题，而当两个市场的工资水平存在较大差异时，要素价格扭曲现象就出现了。

2. 存在垄断等市场势力

当要素市场处于完全竞争状态之中，生产要素的配置将维持在帕累托最优化水平，此时市场中的各部门能够保持在边际产出水平。然而，在现实中，由于信息不对称等多种影响因素的存在，市场很难实现完全竞争状态，因此，市场往往并不是完全竞争状态的。如市场出现垄断时，要素最优配置的必要条件就会出现一定的缺失，要素市场的价格扭曲现象将会相伴出现。Friedman（1962）以劳动力市场作为研究对象，对市场中存在的价格扭曲问题进行了深入剖析，他主张限制工会势力，避免其能力过大，否则劳动力在市场中的主导地位过分突出，致使用工成本上升，进而使经济效率降低，引起要素价格扭曲问题。

3. 政府管制

在市场失灵情况下，政府会介入市场实施一系列管制措施，使市场秩序回归正常轨道，但此种行为会导致市场中的价格机制受到阻碍，使要素价格无法准确反映其稀缺程度，从而偏离最优配置水平。Kornai（1980）在分析了社会主义市场经济体制后，指出由于“预算软约束”的存在，政府通常会采用财政补贴、贷款支持等方式帮助国企解决各类困难，在政府介入后，会使经济效率降低，并产生要素价格扭曲。Magee（1988）则对多个发展中国家开展了实证调研分析，指出在经济发展的过程中，发展中国家的贷款利率限制往往较为严苛，货币汇率存在高估，由此控制国内外金融资源的应用成本，此种方式在短期内会降低工业发展成本，推进工业快速发展，但从长期来看，该方式会导致金融市场弱化甚至丧失资金供需调节功能。Beckman（1990）基于前人研究成果，结合自身理解，提出了“向上金融抑制论”（Upward Financial Repression）。该学者认为，若政府过多地介入金融市场，会使资本价格出现正向扭曲，造成实际利率偏高，最终导致资本要素在市场中不能达到最优配置。

林毅夫（1994）立足于我国的实际国情，构建了发展战略理论。他认为，要素价格扭曲与政府政策之间存在密切相关性。中华人民共和国成立之后，我国先将较多资源投入了重工业发展之中，政府以多种政策制度控制利率、汇率和工资水平，以期实现重工业产业发展成本的缩减，从而推动经济增长，但是反而催生了要素与产品市场的扭曲。赵自芳（2007）以中国国有企业为例，指出中国政府过多介入于国有企业的发展，如财政补贴、贷款优惠等，而此部分措施本质上是一种要素价格扭曲的表现，政府的过多管制和介入是越位行为，会弱化金融资源稀缺性，进而导致资源效率降低。对于转型期经济体而言，政府普遍存在过度干预行为，因而造成了要素价格扭曲。

七、要素价格扭曲程度的测算方法

在关于要素价格扭曲的实证研究方面，需要解决的首要问题是采取何种方式测算出扭曲程度。一般而言，要素价格扭曲程度的测算是对要素市场中某个生产要素实际价格与帕累托最优价格（机会成本）偏离程度的测量。迄今为止，经济学家们就经济运行中存在的要素价格扭曲问题进行了大量的研究，运用多种方法对要素价格扭曲程度进行了测量。但是由于对要素市场扭曲的关注点不同，以及衡量价格扭曲的标准不同，导致其研究的侧重点和测量方法也有所不同。

赵自芳（2007）指出，可使用生产函数法、利润函数法、可计算一般均衡法、成本函数法以及替代弹性法测算要素价格扭曲程度；王希（2011）指出，测算要素价格扭曲程度的常用计算方法包括生产函数法、影子价格法以及前沿技术分析法三类。王宁（2016）通过对现有文献的梳理，将现有的要素价格扭曲程度测算方法总体划分为局部均衡法、一般均衡法和扭曲指标法三大类。整体来看，目前学术界对要素价格扭曲程度的测算方法主要有以下几种：

1. 生产函数法

在现有的相关文献中，生产函数法是测算要素价格扭曲程度最为普遍的一种方法，在资本要素、劳动要素以及能源要素价格扭曲程度的分析测算中都占有相当的比例。依据要素价格扭曲的定义，可先采用生产函数法推算出不同生产要素的边际产出，随后将各要素边际产出和其实际价格进行对比，最终得到要素价格的扭曲程度。

目前，各学者主要运用C-D生产函数、不变替代弹性生产函数以及超越对数生产函数对要素扭曲进行测算。C-D生产函数形式简单，运算便利，在测算要素扭曲中得到了广泛应用。在国外，Hopper（1965）、Rader（1976）、Sampath（1978）、Ram（1980）等采用C-D生产函数法对印度、美国农业要素价格扭曲程度进行了测算。在国内，徐长生和刘望辉（2008）采用面板数据对 C-D 生产函数进行了测算，并基于生产函数法对劳动实际价格和劳动边际生产间的偏差进行了测算；冼国明等（2012）从微观层面探究了要素价格扭曲会对企业出口产生何种正面和负面效应；徐海等（1999）采用 C-D 生产函数法对不同性质工业企业的资本与劳动要素价格扭曲进行了测算。然而，因为 C-D 生产函数法有单位替代弹性强假设，最终得出的结果可能与实际存在偏差，并且其对两种以上要素投入无法准确测算，因而存在较大的局限性。在这种情况下，为了减少由于模型选择而造成的测算误差，后续学者对 C-D 生产函数进行了有效扩展和改进，并采用其他多种方法对要素市场扭曲程度进行了测算。

Atkinson 等（1980，1984）、Parker（1995）运用成本函数法实证分析了多个国家规制行业中要素价格扭曲的问题。成本函数法是基于生产函数法逐步衍生出来的，该方法的优点在于不受假设的影响，能够提高结论的准确性，然而，在实际运用中，若方程中回归元过多，会产生共线性问题，从而对最终测算结果产生影响。此后，Easterly 等（1995）、Allen（2001）选择苏联作为研究对象，运用替代弹性法剖析了其在要素价格扭曲背景下的经济发展停滞问题，取得了丰富成果。替代弹性生产函数有不变（CES）与可变（VES）之分，两者缓解了 C-D 生产函数中替代弹性假设造成的偏差程度，然而运用替代弹性法只能测算要素市场化程度，进而再推算出市场扭曲程度，因此最终得到的结果依然不能保证绝对的准确。

相比于其他生产函数，超越对数生产函数表现出的是产出对投入一次项、二次项以及交叉项的对数形式，其形式更具普遍性，而且相比于不变替代与转换替代弹性，该函数的替代与转型形式更为丰富，基于此部分特点，在测算要素扭曲程度时，超越对数生产函数得到了广泛运用。David 和 John（1975）采用超越对数函数对自然资源、资本与劳动力的边际产出进行了测算。Feng（2000）以瑞典为例，采用该方法对其劳动力、资本以及电力边际产出进行了测算。赵自芳和史晋川（2007）运用超越对数生产函数对劳动与资本产出弹性进行了测算，并基于此探究了要素扭曲的经济效应。

2. 前沿技术分析法

前沿技术分析法是从效果层面对扭曲进行衡量与测算，主要针对最优要素生产可能曲线和实际曲线间的偏离程度，对要素市场扭曲程度进行测算。该方法可以划分为技术扭曲和配置扭曲，前者代表实际生产对生产可能性前沿的偏离，偏离原因就是要素价格扭曲；后者代表实际生产点与生产可能性前沿相契合，然而却与最优生产点相偏离，偏离原因是产品市场机制不健全。这一方式的建模思路主要有两个方向，一类为非参数包络法（Data Envelopment Analysis，DEA），另一类为参数化随机前沿分析法。前者无须设定函数形式，建模过程中不会产生误设定问题，但未考虑随机因素对生产行为产生的影响；后者尽管考虑了随机因素的影响，且经济含义更为丰富，但建模过程中需要设定生产函数与随机项。

Skoorka（2000）对生产可能性边界进行了估计，并首次将研究重心放在整个市场的扭曲方面，为探讨不同区分对市场产生的影响这一问题，构建了相应的计量模型，对1970~1985年61个国家的市场扭曲程度进行了推算。此后，越来越多的学者开始使用随机前沿分析法对市场扭曲进行测算。Young（2000）回溯了我国改革开放的历史进程，并从中提炼出了“扭曲造成扭曲”的概念，即在扭曲的体制下，持续进行改革会导致其他不同市场形成新的扭曲；李崇高和郑毓盛（2003）基于宏观技术效率分析对要素市场扭曲进行了推算，对要素价格扭曲进行了更深层次的分解，并且将其划分为产出结构配置扭曲与省间要素配置扭曲；盛誉（2005）采用随机前沿分析法，运用面板与非截面两类数据，对中国不同区域、不同行业的要素市场扭曲程度进行了测算，结果显示，我国无论是地区还是行业，都存在不同程度的要素价格扭曲；谭力（2006）通过测算技术与配置效率，指出可利用模型测算出产品市场与要素市场中不同性质扭曲的程度；史晋川和赵自芳（2007）采用非参数包络法检验了要素价格扭曲对技术效率损失的影响，结果显示，在国内要素市场中，资本要素与劳动力要素价格都有很大程度的扭曲，且相较而言，资本要素的价格扭曲程度显著偏高；赵慧卿和郝枫（2010）将多个市场的扭曲影响整合到一起综合分析，测算出了我国31个省份在1952~2005年的要素价格扭曲程度，并针对多个时期和地区的扭曲问题展开了具体分析。

总体而言，前沿技术分析法与其他测定方法不同，该方法能够直接对要素市场扭曲程度进行对比，并且把扭曲分解为技术扭曲与配置扭曲。然而，该方法也存在一定的局限性，即生产函数需要满足新古典主义的假设要求，即连续性、凹向原点以及生产技术规模收益不变（Skoorka，2000）。

3. “影子价格”法

根据新古典经济学内容，市场在完全竞争状态下，均衡价格可使资源配置实现最优化，因此，均衡价格即“影子价格”。依据这一定义，要素实际价格对“影子价格”的偏离程度即为要素价格扭曲程度。Atkinson 和 Halvorsen（1980，1984）基于“影子价格”法，从不同角度搭建出了一个测算要素价格扭曲的框架，具体为：

$$P_i^* = dist_i P_i \tag{1-10}$$

其中，P_i^* 表示要素 i 的影子价格，即要素边际产出，P_i 则为要素 i 的实际价格，比例参数 $dist_i$ 是要素价格的绝对扭曲程度。当 $dist_i>1$ 时，要素 i 表现为价格的负向扭曲；当 $dist_i<1$ 时，要素 i 表现为价格的正向扭曲。

再者，影子价格与实际价格之间的差值也能充分表现出要素价格扭曲程度：

$$dist'_i = P_i^* - P_i \tag{1-11}$$

若 $dist'_i>0$，要素 i 表现为价格的负向扭曲；若 $dist'_i<0$，要素 i 表现为价格的正向扭曲。

当然，通过影子函数法也可以计算生产要素在单个或多个部门、企业或区域之间的相对价格扭曲程度，具体测算方法与上节中式（1-8）和式（1-9）相同。

在以往的文献中，影子价格法主要用于测算土地要素价格的扭曲程度，由于土地要素不同于资本要素和劳动要素，生产函数法不能直接获得土地要素的边际产出，因此需要通过“影子价格”法对其进行测算。国内学者黄建柏等（2015）选择以《全国工业用地出让最低价标准》作为土地要素的基准价格（影子价格），然后通过与土地实际成交价格的比较，计算出了土地要素价格扭曲程度。

4. 其他方法

赵自芳（2007）、雷鹏（2009）、窦勇（2010）基于林毅夫（2002）的研究成果，运用要素的比较密集度对要素市场扭曲进行了测算，具体方式是对比工业资本和劳动比率与当地资本和劳动比率的偏离程度，推算出要素扭曲程度，并基于此建立计量模型，探究要素扭曲形成的经济效应。要素比较密集度指标反映了一个国家或地区的要素投入与生产决策的匹配程度，如果该地区的要素市场是完全竞争的，那么将实现生产的帕累托最优状态；如果该地区的要素市场出现扭曲问题，企业就无法根据市场选择合适要素投入以及技术模式，最终造成的结果是，地区资源配置与禀赋结构相偏离。

张杰（2011）基于中国现实国情，指出中国地方政府对关键要素资源的严格把控，导致要素市场市场化进程滞后产品市场与整体市场的市场化进程，因此，该学者把要素市场扭曲定义为要素市场市场化进程滞后产品和整体市场的市场化进程的程度。该方法的优点是可消除不同地区市场化进程差异造成的影响，避免信息失真问题。

Kwon 和 Paik（1995）、Fisher 和 Wasehik（2000）以一般均衡法（CGE）对中国、韩国和加拿大三国部分地区的要素市场扭曲程度进行了测算，进而探讨了要素价格扭曲对国家福利成本产生的影响。陈烨等（2010）基于中国实际国情、要素市场现状以及经济形势，构建了凯恩斯与剩余劳动力的 CGE 模型，并利用该模型模拟了增值税转型对经济和就业产生的正负效应。总的来讲，CGE 是从一般均衡层面衍生出的测算方法，相比其他方法，它为要素价格扭曲的测算提供了一个独特的视角，具备良好的经济理论基础。但不足之处在于，该方法的假设要求过于严格，并且对数据质量的要求较高，适用范围较小。

由此可见，国内外学者对要素价格扭曲度量方面的研究比较丰富，相关理论框架与知识体系比较健全。但不可否认的是，由于不同学者在度量要素价格扭曲程度时所采用的计量方法与数据样本不同，导致测算结果也存在较为明显的差异，这一结果在不同文献中相差数倍甚至数十倍不等（王宁，2016）。因此，选用合适的测算方法来测算我国要素价格的扭曲程度，是本书要解决的一个重要问题。

根据上述对要素价格扭曲程度测算方法的回顾，可将测算方法归纳为以下四类，具体如表 1-3 所示。

表 1-3　要素价格扭曲程度的测算方法与文献来源

<table>
<tr><th>测算方法的分类</th><th>具体测算方法</th><th>测算的要素类型</th><th>相关文献</th></tr>
<tr><td rowspan="3">生产函数法</td><td>C-D 生产函数法</td><td rowspan="3">资本要素
劳动要素
能源要素</td><td>盛仕斌和徐海（1999）；
徐长生和刘望辉（2008）；
施炳展、冼国明（2012）</td></tr>
<tr><td>成本函数法</td><td>Atkinson 等（1980，1984）；
Parker（1995）；
陶小马等（2009）</td></tr>
<tr><td>超越对数生产函数法</td><td>史晋川和赵自芳（2007）；
夏晓华和李进一（2012）；
张月玲和叶阿忠（2014）</td></tr>
</table>

续表

测算方法的分类	具体测算方法	测算的要素类型	相关文献
生产函数法	不变替代弹性生产函数法（CES）	资本要素 劳动要素 能源要素	Easterly 等（1995）； Allen（2001）； 盛仕斌和徐海（1999）
	可变替代弹性生产函数法（VES）		Lwata 等（2003）； Ahmad（2005）； 李程（2015）
前沿技术分析法（PPF）	参数化随机前沿分析法（SFA）	资本要素 劳动要素	Skoorka（2000）； 谭力（2006）； 杨帆和徐长生（2009）
	非参数化随机前沿分析法（DEA）		郑毓盛和李崇高（2003）； 赵自芳和史晋川（2006）； 姚战琪（2011）
影子价格法	基准价格与实际价格比值法	土地要素	Atkinson 等（1980）； 黄建柏等（2015）； 尚晓晔（2016）
其他方法	要素比较密集度法	资本要素 劳动要素	赵自芳（2007）； 雷鹏（2009）； 窦勇（2010）
	要素市场化进程法		张杰（2011）
	可计算一般均衡法（CGE）		Melo（1977）； Zhuang（1996）； Fisher 和 Waschik（2000）
	动态随机一般均衡法（DSGE）		Atkeson 和 Kehoe（2005）； Lamo 等（2006）； 解栋栋（2010）

八、文献评述

近年来，中国经济步入新常态，经济增速放缓，寻求经济新增长点是现阶段最紧要的任务。李克强总理提出“大众创业、万众创新”后，诸多学者开始研究创业问题，以期通过创新创业推进我国经济的新一轮增长。可以预料的是，在未来一段时间内，关于创业理论的研究必然会成为学术界众多学者关注的重点课题。本书以此为出发点，结合中国改革开放以来市场化改革的具体背景，以要素价格扭曲为视角，以创业为对象，研究了要素价格扭曲对中国区域创业水平的影响，以及两者之间的影响机制。通过对国内外创业与要素价格扭曲问题相关文献的整理与总结，本书发现，以往研究中的不足主要集中在以下六个方面：

第一，纵览现有创业问题的研究资料，多数是以商学或是管理学的层面为切入点，主流经济学对其重视程度较低。然而商学与管理学基本都是从创业公司内部治理、创业者特征以及资源积累等方面进行探究，视野狭窄，不能涵盖创业问题的所有层面。创业作为创新与科技发展商业化的重要载体，对推动经济增长具有积极作用，应从经济学层面切入对其进行深层次研究，这样更利于从宏观层面对创业进行扶持。

第二，对创业影响因素的研究较为笼统。在以往研究创业影响因素的文献中，国内外学者往往将研究焦点聚焦在创业者的微观个体特征和地区文化、经济环境以及宏观的创业政策等因素方面，而忽视了生产要素对创业的影响。然而实际上，根据我国的现实背景，阻碍中国创业的重要因素恰恰来自要素市场，究其根源就是要素市场中的价格扭曲问题。

由于受到过去计划经济体制的影响，中国现阶段要素市场中存在严重的要素价格扭曲现象，要素价格不能准确反映其稀缺程度，导致要素的实际价格与其机会成本相偏离。例如，在我国资本市场中，资本价格（利率）处于扭曲状态，不同性质的企业向银行申请信贷业务的条件存在明显差异①（卢峰、姚洋，2004）。与此同时，我国劳动市场中同样存在严重的要素价格扭曲问题，且该问题不但存在于垄断和非垄断行业，在城市的农村劳动力市场和市民劳动力市场中也不同程度地存在（许经勇，2007）。

在此情况下，要素价格难以准确反映生产要素的稀缺程度与变化情况，导致不同企业在获取要素资源时面临着显著的成本差异，具有相对成本优势的企业可以通过采取强硬的竞争策略将成本劣势企业驱逐出市场，从而获取更高的长期利润。在这个过程中，市场中的创业活力受到阻碍，创业水平也因此下降。因此，在中国目前的经济背景下，研究要素价格扭曲对创业的影

① 根据卢峰和姚洋（2004）的调查发现，中国非正式金融机构的利率普遍比官方要高出 50%～100%，国有银行向中小企业提供贷款时，一般都是基准利率上浮 10%～50%。具体参见：卢峰，姚洋. 金融压抑下的法治、金融发展和经济增长［J］. 中国社会科学，2004（1）：42-55+206.

响，将对“双创”战略在我国的顺利实施具有重要意义。

第三，创业水平的衡量指标过于单一。创业是一个“从无到有”的二分概念，若要对创业问题进行研究，必须先将其量化。因此，选用合适的衡量指标以准确反映出一个国家或地区的创业水平，将是创业理论的研究基础。通过对现有文献的梳理，本书发现，学者通常只选用某一个或某两个指标来衡量创业水平，导致对创业问题的观测视角明显过于局限，无法全面地观测出某个地区的具体创业情况（创业程度、创业质量等）。

第四，关于要素价格扭曲程度的测算。在测算要素价格扭曲程度时，通常是综合运用多种方式，但是无论何种方式，都存在进一步完善的余地。譬如生产函数法，尽管其形式已被大量简化，但依然存在较大的改进空间。另外，生产函数法是其他测算方法推算的基础：由该方法能够获得要素的边际产出，利润函数、成本函数均是基于生产函数推演而来，SFA 模型、DSGE 模型、CGE 模型中均会涉及生产函数，可以说生产函数为各种方法的运用提供了计算的可行性。因此，究竟应当选用何种函数形式对我国要素价格扭曲程度进行测算，尚存在争议。

第五，样本数据的选择不够微观。由于数据获得的便利性，国内学者们在测算我国要素价格扭曲程度和创业水平时主要采用的是国家或省级层面的样本数据，导致要素价格扭曲程度和创业水平的观测结果过于宏观，而缺乏对我国省级以下城（县）市微观数据的考察。

第六，对创业水平影响因素的机制研究尚显欠缺。在考察创业水平的影响因素时，以往学者通常将创业水平的各类影响因素作为解释变量、将创业水平作为被解释变量，然后通过采用实证回归的研究方法观测出两者之间的关系。这一做法虽然较为常用，但是对创业水平影响因素的机制分析，逻辑结构性稍显不足，缺乏说服力。

可见，虽然国内外关于创业理论和扭曲理论的研究已经非常丰富，但是在以往的研究中仍然存在大量的不足，有较大的改进空间。基于此，本书从要素市场的角度出发，以我国不同地区的面板数据作为观测样本：首先，分别从创业参与、创业活力和创业规模三个视角下量化我国不同地区的创业水平；其次，采用超越对数生产函数测算出我国不同地区的要素价格扭曲程度；再次，通过博弈模型具体分析要素价格扭曲与创业水平之间的逻辑关系和影响机制；最后，通过实证模型系统检验要素价格扭曲对我国区域创业水平的具体影响。

第四节 研究框架与思路

本书从我国大众创业的现实背景出发，以要素市场中的价格扭曲为线索，以我国总体和区域创业水平为具体研究对象，着重探讨和分析了要素价格扭曲对我国区域创业水平的影响，以及两者之间的传导路径和影响机制，并针对这一影响提出了缓解要素价格扭曲和促进大众创业的合理建议。

第一章定义了创业水平和要素价格扭曲等相关概念，并在此基础上通过文献研究法全面回顾和梳理了创业理论和扭曲理论两方面文献。首先，分析了创业在国民经济增长中的作用，总结了影响创业水平的各种因素，并回顾了相关研究中衡量创业水平的各类指标；其次，梳理了扭曲理论的发展历程，对要素市场扭曲进行了分类，阐明了要素价格扭曲的形成原因，并梳理了要素价格扭曲程度的各种测算方法；最后，对上述文献进行了理性评述，提出了以往文献中的六点不足，并据此找到了研究的方向。

第二章首先介绍了中国创业的发展历程，回顾了创业在我国的不同发展阶段，并根据中国不同地区的面板数据绘制了我国创业的发展轨迹；其次，分别从创业参与、创业活力、创业规模三个视角测算了中国整体及不同地区的区域创业水平；最后，结合我国的现实背景，总结了要素价格扭曲对我国创业水平的影响现状，指出要素价格扭曲是现阶段抑制我国创业水平的重要因素，并找到了两者之间的逻辑关系。

第三章首先探究了要素价格扭曲在我国形成的制度背景；其次，具体分析了资本、劳动以及土地要素价格扭曲在我国的形成原因；再次，对目前文献中要素价格扭曲测算方法进行了梳理和比较；最后，基于2000~2015年时间序列数据，搭建了超越对数生产函数模型，进而测算出中国整体和261个城市的资本、劳动以及土地要素价格扭曲程度。

第四章采用理论和实证研究方法全面分析了要素价格扭曲对中国创业水平的具体传导路径和影响机制。首先，根据要素价格扭曲对我国创业的影响现状绘制了两者之间的传导路径，并且通过博弈模型模拟了要素价格扭曲对创业水平的影响机制；其次，对理论影响机制进行了实证检验，并得出了稳健的研究结果。

第五章结合第二章和第三章中要素价格扭曲和创业水平的测算结果，采用实证研究方法系统检验了在不同观测视角下要素价格扭曲对我国创业水平的总体和分区域影响，并得出了稳健的研究结果。

第六章首先对全文研究内容进行了总结，并依据前文得出的结论提出了缓解要素价格扭曲和促进大众创业的政策建议；其次，指出了研究中的不足之处，并提出了未来的改进方向。

综上所述，本书沿着“文献梳理、提出问题→理论构架、机理分析→实证检验→研究结论、政策建议→未来展望”的思路出发，共分为六章内容。具体的研究框架与思路如图 1-2 所示。

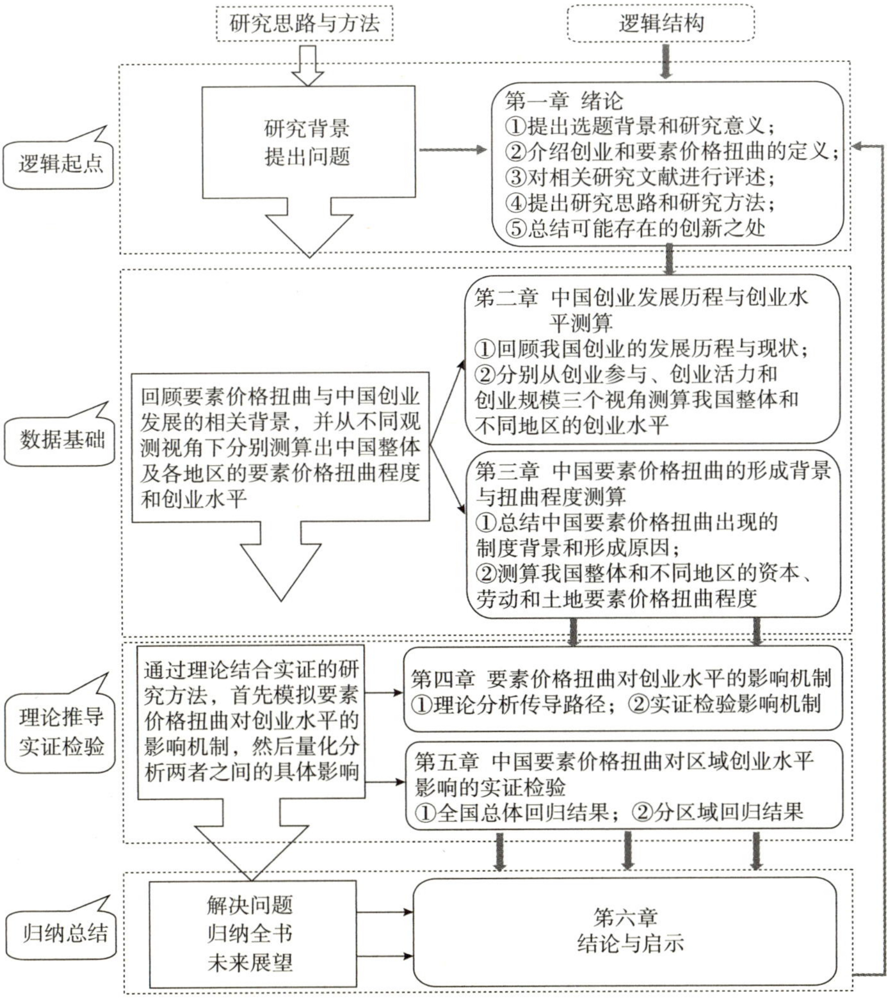

图 1-2 研究框架与思路

第五节　研究意义

一、理论意义

以创业理论和要素价格扭曲理论为主要内容的研究一直是学术界的热点问题，在国内外研究中备受关注。但是，如何找到衡量创业水平的合理指标以精确度量要素价格扭曲程度，并检验要素价格扭曲与创业水平之间的影响关系，在学术领域中仍未达成一致。本书在理论方面的价值与意义主要体现在以下几个方面：

首先，从不同的观测视角对中国区域创业水平进行了测算。通过对以往文献的梳理可以发现，不同学者在衡量企业双创水平的指标选择上存在很大分歧。在此基础上，笔者根据我国的经济背景和现实数据对不同的衡量指标进行了筛选，分别从创业参与、创业活力和创业规模三个视角测算了我国不同地区的创业水平，丰富了相关研究内容，进一步完善了相关研究体系。

其次，厘清要素价格扭曲的相关概念，测算了我国不同地区的要素价格扭曲程度。对于要素价格扭曲的研究，普遍存在概念不清的问题，导致已有的测算要素价格扭曲程度的研究结果差异很大。在此基础上，笔者重新梳理了要素价格扭曲等概念，测算了我国不同地区的要素价格扭曲程度，完成了扭曲理论中一项基础性却又非常重要的研究工作。

最后，通过理论结合实证的研究方法解释并检验了要素价格扭曲对区域创业水平的影响机制。其一，采用博弈模型分别模拟了不同类型企业在要素市场和产品市场中的博弈过程，从理论层面解释了要素价格扭曲对创业水平的影响机制；其二，根据我国微观企业的面板数据对理论影响机制进行了实证检验，并得到了与理论分析相一致的研究结果。通过对这一影响机制的研究，本书厘清了要素价格扭曲对创业水平影响的传导路径，找到了两者之间的影响关系，为今后创业体系的构建提供了更加丰富的理论基础。

二、实践意义

2016 年，习近平总书记提出了供给侧结构性改革，要求国家及地方从供给、生产端入手，通过提高生产能力即全要素生产率的方式拉动国民经济增长，并且呼吁政府重新认识市场在调节资源配置中的核心作用，改善以往经济中所存在的过多的行政干预问题，做到放权于市场，有效缓解要素市场中的价格扭曲。因此，结合供给侧结构性改革与“大众创业、万众创新”战略的现实背景，本书以要素价格扭曲为视角，以中国30个省和261个城市的面板数据为样本，研究了要素价格扭曲对区域创业水平的影响，以此观测要素市场对大众创业战略的实施过程所造成的阻碍。本书的实践意义主要包括以下几个方面：

在宏观层面：可以为我国供给侧结构性改革和大众创业战略的落实提供理论依据与数据支持；可以在一定程度上帮助各级政府从宏观角度重新审视我国不同区域间的要素价格扭曲程度和创业水平的差异，从而制定符合不同地区资源禀赋的宏观政策方针。

在中观层面：可以在一定程度上帮助地方政府正确认识自身营商环境方面的不足，正确面对区域间的经济及市场化差异；可以帮助各级政府因地制宜，响应国家供给侧结构性改革与“大众创业、万众创新”的政策号召，积极调整发展结构，进一步确立价格信号在市场资源配置中的作用。

在微观层面：可以为经济市场营造更为公平公正的创业环境，增加市场竞争的活力；可以优化微观企业的资源使用效率，进一步提高创业企业的生存能力，从而为我国大众创业战略的落实提供更为健全的微观基础。

第六节 研究方法

本书采用的研究方法主要包括以下几种：

第一，文献研究法。本书通过CNKI平台、学校图书馆等收集了大量关于扭曲理论和创业理论的研究资料，通过对比分析，找出了现有研究体系中的不足和空白，确定了研究的切入点和基本方向。首先，第一章中的文献综述部分对要素价格扭曲理论和创业理论进行了回顾，厘清了要素价格扭曲的定义、形成原因以及扭曲程度的测算方法，并且对我国创业历程、影响因素以及创业水平衡量指标进行了分析和讨论，力图使后期研究内容在立意、理论与方法上能处于学术前沿。其次，第二章和第三章系统描述了要素价格扭曲在我国的形成背景、原因以及要素价格扭曲对中国创业水平的影响，为实证分析奠定了理论基础。

第二，计量分析法。采用计量分析可以有效反映理论预期结果，充分阐明变量间的内在联系与因果关系。在要素价格扭曲研究中，计量方法极为关键，对于众多分析方法来讲，只有形式不同，而无优劣之分。在本书中，笔者根据实际背景，力求选择合适的计量统计建模方法，并尽可能提高研究结果的准确度。第三章采用超越对数生产函数和影子价格函数测度了中国城市资本、劳动和土地要素的价格扭曲程度；第四章和第五章分别采用固定效应（FE）模型和系统动态估计（SYS-GMM）模型检验了要素价格扭曲对中国区域创业水平的具体影响。

第三，理论建模法。在研究过程中，本书借鉴与参考了经济学和博弈论的理论内容，进一步整合了要素价格扭曲与创业理论体系，试图搭建可以有效阐释要素价格扭曲对创业水平影响的内在机理分析框架。第四章选用鹰—鸽博弈模型、掠夺性定价模型和斯塔克尔伯格模型分别模拟了不同类型企业在要素市场、产品市场的博弈过程，从理论上论证了要素价格扭曲对创业水平的影响机制和传导路径。

第四，理论与实证相结合的研究方法。首先，在理论方面，先是通过规范分析，描述了要素价格扭曲对我国区域创业水平影响的逻辑关系，而后通过博弈模型对这一关系进行了更加全面的论证。其次，在实证方面，先是根据国内外的相关研究构建了最为符合我国实际经济背景的要素价格扭曲度量模型，而后将这一测算结果和所收集到的城市面板数据代入不同的实证模型中进行了检验，得到了合理、稳健的研究结果。最后，通过理论结合实证的方法，先是根据我国微观企业的面板数据，实证估计了不同类型的企业在获取生产要素时的相对成本差异，而后结合理论模型，模拟了具有相对成本差异的企业如何在利润最大化的前提下采取竞争策略，从而得出了要素价格扭曲对创业水平影响的完整作用机制。

第五，比较分析法。第二章和第三章通过比较分析的方法观测了中国不同地区的创业水平和要素价格扭曲程度在不同时期的差异，并对区域差异的成因进行了适当分析。第四章则基于我国微观企业的面板数据，先是比较分析了不同类型企业之间的相对要素成本，而后通过实证研究方法，量化分析了要素价格扭曲对不同企业相对要素成本差异的影响。

第六，微观与宏观相结合的研究方法。本书采用微观与宏观相结合的研究方法分别分析了要素价格扭曲对创业水平的影响机制以及两者之间的作用关系：第四章采用我国微观企业的面板数据实证检验了要素价格扭曲对创业水平的影响机制，第五章采用宏观层面的城市面板数据对要素价格扭曲与创业水平之间的具体影响进行了量化分析。采用微观与宏观相结合的研究方法，不但能使研究体系更加全面和丰满，而且还增加了研究结论的说服力。

第七节　可能的创新点

基于相关理论和实证研究成果，本书中可能存在的创新点主要体现在以下几个方面：

首先，在研究视角方面进行了创新。在以往的文献中，虽然以要素价格扭曲和大众创业为主要内容的学术成果已经不少，但是将两者结合在一起的研究却仍属罕见。因此，本书从要素市场出发，以生产要素为视角，以区域创业水平为研究对象，采用理论和实证相结合的研究方法，探讨了要素价格扭曲对我国区域创业水平的影响以及两者之间的影响机制，在研究视角方面进行了创新。不仅如此，在数据选择方面，本书采用了我国东部、中部、西部三个地区共计 30 个省、自治区和 261 个城市的面板数据，相比于单纯使用省级或国家层面的面板数据，城市面板数据能够使研究内容更加微观和具体，使研究结果更加具有理论和实践意义。

其次，在创业水平的衡量方面进行了创新。在以往研究创业的相关文献中，学者们往往仅采用单一的衡量指标对我国的创业水平进行估计，而缺乏对其更加全面的度量，导致得到的测算结果较为单薄，缺乏说服力。相比之下，笔者分别从创业参与、创业活力和创业规模三个视角对我国不同地区的创业水平进行了度量，很大程度上弥补了以往研究的不足。

再次，在要素价格扭曲程度的测算方面进行了创新。由于受到研究数据和研究方法等因素的限制，以往学者们往往仅测算了资本和劳动要素的价格扭曲程度，而在我国，土地是一种极其重要的生产要素，忽略其在生产过程中的作用显然会对研究结果的可靠性造成巨大影响。鉴于此，本书将土地要素纳入了研究范畴，首先运用超越对数生产函数对资本、劳动要素价格扭曲程度进行了测算，随后采用“影子价格”法测算了我国土地要素的价格扭曲程度。

最后，在要素价格扭曲对创业水平的影响机制方面进行了创新。要素价格扭曲对宏观经济的影响是多方面的，在以往的相关文献中，学者们通常将要素价格扭曲作为自变量，将某些宏观经济问题作为因变量，进而采用实证研究方法考察两者之间的影响。虽然这种研究方法非常普遍，但是绕过理论分析，只从计量层面探究经济问题，必然会出现理论与实证不相匹配的问题，导致研究结果的说服力极大下降。因此，在研究过程中，笔者采用了博弈论研究方法，通过鹰—鸽博弈模型、斯塔克尔伯格模型和掠夺性定价模型模拟了要素价格扭曲对创业水平影响的传导路径，得到了两者之间的完整影响机制，为实证研究部分提供了可靠的理论基础。

第二章　中国创业发展历程与创业水平测算

当生产力发展到一定水平后，创业型经济自然成为经济发展的新趋势。知识经济时代，国家必须以强大的创业型经济保障自身的经济发展，这一背景使创业理论得以迅速拓展。目前，中国呈现出经济新常态，增长速度由高速转为中高速，保障经济稳速增长、优化经济结构、调整发展方式、营造社会创新创业氛围是现阶段和未来一段时期内经济社会发展的重要工作。其中，大众创业扮演着举足轻重的角色。

改革开放至今，我国前后出现过四次“创业浪潮”（谭楚丹，2015）。第一次出现在1979~1989年，当时创业的主要领域是农村改革与私营经济的改革；第二次出现在1992~1997年，随着我国市场经济的进一步深化，国有企业改革成为本次创业浪潮的核心；第三次出现在1997~2000年，随着信息技术的发展，社会中掀起了互联网的创业热潮；第四次出现在2014年至今，在李克强总理“大众创业、万众创新”的号召下，社会中出现了大众创业的浪潮。事实上，前两次的创业浪潮都属于我国制度催生的结果，目的在于扩大社会生产力，因此前两次创业浪潮对推进我国经济增长发挥了积极的促进作用。第三次创业浪潮是信息技术发展到一定程度产生的新兴产业。现阶段，第四次创业浪潮正在进行中，此次浪潮与前三次均有所不同，本次创业浪潮发生在我国经济结构转型的关键时期，肩负着促进经济进一步增长的职责。然而，随着我国经济步入新常态，机制体制积累的弊端以及深层次的结构性问题不断显现，经济发展的下行压力不断加大，在我国各地区要素市场中普遍存在的价格扭曲现象是影响中国创业水平的重要原因。

鉴于此，本章首先回顾了中国的创业历程和不同创业阶段的创业现状，总结了影响创业水平的主客观因素；其次，在创业参与、创业活力和创业规模视角下测算了中国不同地区的创业水平；最后，通过对比不同地区在不同时期创业水平的差异，结合我国的现实创业背景，分别分析了资本、劳动和土地三种要素价格扭曲对创业水平的影响。

第一节　中国创业的不同发展阶段

我国创业的发展历程可从 1978 年改革开放开始算起，在改革之前，我国实行计划经济，市场主体为国有企业和城镇集体企业，当时缺少能促使创业良好发展的制度环境和经济环境，因而创业的数量极少。改革开放后，国家经济领域逐步拓宽，规模化经济也逐渐成形，市场中诞生出诸多中小型与大型私营企业。这一时期，创业的数量不断增多为市场注入了活力，经济呈现出高速发展的态势，逐渐形成了集约型和外向型的经济体系。总体而言，我国创业的发展历程可归纳为三个阶段。

阶段一：改革开放前中国的创业发展（1949~1978 年）。中华人民共和国成立前，我国市场中的企业与现今定义的传统企业还有一定的差异，而市场中规模较大的创业企业多数为外资企业或是一些民族资本企业。中华人民共和国成立后，市场机制日益完善，经济环境得到了很大改变，为创业培育出了良好的发展土壤，促使创业数量不断增多，规模持续变大。当时我国基于现实国情，推行手工业个体经济互助合作的发展政策，在全国各地开办了各种规模的合作社，因此当时创业的平均规模开始逐步扩大。

1952 年，与中华人民共和国成立初期相比，全国创业数量增长了 21.4%，总产值增长了 54.2%，创业人数增加了 25.1%。1952 年后，我国手工业得到进一步发展，行业整体规模呈现出逐步扩大的态势，国内掀起了手工业合作化的热潮。1955 年，农业合作化模式的推行，进一步推进了手工业合作化运动的发展。除手工业合作化与农业合作化外，工业行业中合营工业创业企业也呈现出良好的发展态势。1957~1978 年，当时中国正推行计划经济体制，国家经济实施计划调控，政府通过各项政策和行政机关介入市场，将各类资源引入重工业领域，优先推进重工业产业发展，以此推动国家经济增长。在此期间，创业发展逐渐滞后，几乎没有任何增长。

阶段二：有计划的商品经济时期的创业发展（1978~1992 年）。随着十一届三中全会的召开，国家重新规划了企业的发展路线，我国企业所有制出现重大改变，市场经济也由以往的以公有制经济为主体转变为多种所有制经济共存的格局。我国逐步从计划经济朝着有计划的商品经济过渡，从而为创业的生存与发展创造出了良好的外部环境，推动了我国创业的高速发展。在此时期，城乡企业快速崛起，我国掀起了第一次创业热潮。

我国传统的农村集体经济是由汇聚在同一区域的农户秉承自愿互惠的原则组建的，在这种经济体制中，生产资料由同一区域农户共同所有，这些农户在生产和交换中达成合作经营，秉承按劳分配的原则，合理分配劳动成果。在村镇集体企业兴起前，农户要赚取生活费用，通常要前往生产大队的工副业生产小作坊劳动。发展至20世纪80年代初，我国农村地区实施了市场化改革，家庭联产承包责任制取代以往的人民公社管理体制，农户获得了土地经营权与使用权，之前对农业生产进行指挥和管理的生产大队被撤销，此次创业浪潮为我国私营企业带来了良好的发展机遇，使市场中的创业规模不断扩大。

总体来讲，相比改革开放以前，改革开放以后我国的创业环境发生了巨大变化，全党工作重心转移到了经济建设方面，农村创业得到快速发展，这为我国市场经济注入了新鲜“血液”。改革开放政策的逐步推进，为乡镇企业创造了良好的发展环境，在乡镇企业的带动下，农村经济呈现出快速发展的态势。在此期间，创业企业在市场中的经济地位不断提高，在市场经济中扮演着重要角色，为我国经济发展提供了巨大助力。

阶段三：社会主义市场经济条件下的创业发展（1992年至今）。市场化改革的不断深入，为我国创业的发展提供了空前机遇，创业已经成为社会中最具活力、发展最为迅速、对国民经济增长贡献最大的组成部分，并成为推动我国国民经济增长和可持续发展的“发动机”。

在这一阶段，根据《中国工商行政管理年鉴》和《中国企业年鉴》提供的统计数据，可将2000~2014年中国创业的发展近况统计如表2-1和图2-1所示。由表2-1中的统计数据和图2-1中的发展趋势可见，国有企业在我国企业整体中所占份额逐年下滑，国有经济比重不断收缩。与之相反，在这四次创业热潮的推动下，以私营企业和个体工商户为代表的创业型企业①（以下简称“创业企业”）在原有的基础上不断发展壮大，企业的数量、规模和吸

① 创业型企业（创业企业）是指处于创业阶段，高成长性与高风险性并存的创新开拓型企业；据此定义，现有研究普遍以个体、私营企业来代指创业企业。具体参见：黄福广，彭涛，田利辉．风险资本对创业企业投资行为的影响［J］．金融研究，2013（8）：180-192；黄胜，叶广宇，周劲波，等．二元制度环境、制度能力对新兴经济体创业企业加速国际化的影响［J］．南开管理评论，2015，18（3）：71-84.

纳的劳动力人数得以快速增长，创业型经济在国民经济中的比重不断提高，成为新常态下推动我国经济可持续发展的新动力。

表 2-1　2000~2014 年中国各类型企业发展近况

年份	指标	国有企业、集体企业	私营企业			个体工商户		
		户数（万户）	户数（万户）	注册资金（万亿元）	从业人数（万人）	户数（万户）	注册资金（亿元）	从业人数（万人）
2000	绝对值	535.1	176.2	1.33	2406.5	2571.4	3315.3	5070.0
	增长率（%）	-10.23	16.8	29.4	19.0	-18.6	-3.6	-18.8
2001	绝对值	483.2	202.9	1.82	2713.9	2433.0	3435.8	4760.3
	增长率（%）	-9.70	15.1	36.9	12.8	-5.4	3.6	-6.1
2002	绝对值	444.5	263.8	2.48	3247.5	2377.5	3782.4	4742.9
	增长率（%）	-8.01	20.0	35.9	19.7	-2.3	10.1	-0.4
2003	绝对值	412.4	328.7	3.53	4299.1	2353.2	4187.0	4299.1
	增长率（%）	-7.22	24.8	42.6	32.3	-1.0	10.7	-9.4
2004	绝对值	379.8	402.4	4.79	5017.3	2350.5	5057.9	4587.1
	增长率（%）	-7.90	22.4	35.8	16.7	-0.1	20.8	6.7
2005	绝对值	349.6	472.0	6.13	5824.0	2463.9	5809.5	4900.5
	增长率（%）	-7.95	17.3	28.0	16.1	4.8	14.9	6.8
2006	绝对值	337.3	544.1	7.60	6586.0	2595.6	6468.8	5159.7
	增长率（%）	-3.52	15.3	23.9	13.1	5.3	11.4	5.3
2007	绝对值	320.3	603.1	9.39	7253.1	2741.5	7350.8	5496.2
	增长率（%）	-5.04	10.8	23.5	10.1	5.6	13.6	6.5
2008	绝对值	270.5	657.4	11.7	7904.0	2917.3	9006.0	5776.4
	增长率（%）	-15.55	9.0	25.0	9.0	6.4	22.5	5.1
2009	绝对值	259.2	740.2	14.6	8607.0	3197.4	10856.6	6585.4
	增长率（%）	-4.18	12.6	24.8	8.9	9.6	20.5	14.0
2010	绝对值	246.4	845.2	19.2	9407.6	3452.9	13387.6	7007.6
	增长率（%）	-4.94	14.2	31.1	9.3	8.0	23.3	6.4
2011	绝对值	240.8	967.7	25.8	10353.6	3756.5	16177.6	7945.3
	增长率（%）	-2.27	14.5	34.3	10.1	8.8	20.8	13.4

续表

年份	指标	国有企业、集体企业	私营企业			个体工商户		
		户数（万户）	户数（万户）	注册资金（万亿元）	从业人数（万人）	户数（万户）	注册资金（亿元）	从业人数（万人）
2012	绝对值	236. 8	1085. 7	31. 1	11296. 1	4059. 3	19766. 7	8628. 3
	增长率（%）	-1. 66	12. 2	20. 6	9. 1	8. 1	22. 2	8. 6
2013	绝对值	229. 4	1253. 9	39. 3	12500. 0	4436. 3	24300. 0	9300. 0
	增长率（%）	-3. 13	15. 5	26. 4	10. 9	9. 3	23. 1	8. 2
2014	绝对值	226. 8	1546. 4	59. 2	14136. 2	4984. 1	29300. 0	10863. 8
	增长率（%）	-1. 13	23. 3	50. 6	13. 1	12. 3	20. 6	16. 8

注：①从 2008 年开始（含 2008 年）统计的私营企业包含其分支机构。②表中统计的企业不包括外资和港澳台企业。

资料来源：《中国工商行政管理年鉴》和《中国企业年鉴》。

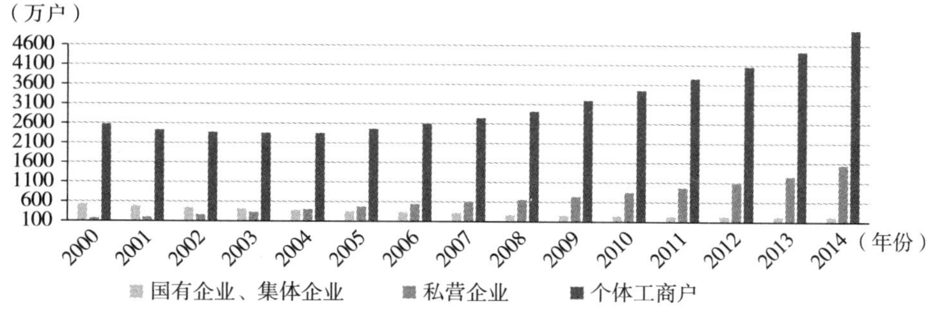

图 2-1 2000~2014 年中国各类型企业发展趋势

具体而言，从创业企业的数量来看，截至 2014 年底，中国登记注册的个体、私营企业总户数达到6530. 5 万户，其中，私营企业达到 1546. 4 万户，个体工商户达到 4984. 1 万户，与 2013 年同期相比分别增长了 23. 3%和 12. 3%。从创业企业的规模来看，截至 2014 年底，中国私营企业注册资金达到 59. 2 万亿元，户均注册资金达到 382. 8 万元，与 2013 年同期相比分别增长了 50. 6%和 22. 1%；个体工商户注册资金达到 2. 9 万亿元，户均注册资金达到 5. 8 万元，与 2013 年同期相比分别增长了 20. 6%和 5. 5%。

同时，创业企业在发展和经营过程中需要大量的劳动力，为社会提供了大量就业岗位。可以说，创业在提高就业率、优化就业结构、保障社会稳定等方面发挥了极大的促进作用。截至 2014 年底，全国个体、私营企业实有从业人员达到 2.5 亿人，较 2013 年同期增长了 14.68%，其中，私营企业从业人员 1.4 亿人，个体工商户从业人员 1.1 亿人，较 2013 年同期分别增长了 13.1%和 16.8%。

多年来的改革实践证明，创业在促进经济发展、维护社会稳定等方面发挥着重大作用，肩负着推动社会主义事业发展的巨大重担。可以说，在当前阶段下，创业承载着我国经济结构转型、推动国民经济进一步发展的重要使命，是新常态下社会主义现代化建设不可忽视的中坚力量。因此，在当前和今后一个时期，促进大众创业有利于推动我国经济社会的高质量发展，能够有效缓解就业压力，维护社会稳定，加快实现高质量发展和“两个一百年”的奋斗目标。

第二节　创业水平的影响因素

那么，究竟有哪些因素影响了一个地区的创业水平？为了探讨这一问题，在创业理论的发展过程中，Lewin（1935）首先提出了一个概念性的分析框架，即

$$B=(P,\ E) \tag{2-1}$$

式（2-1）中，B 代表创业水平，P 代表创业者的个体因素，E 代表创业环境。根据 Lewin 的表述，创业水平的影响因素可大致总结为两类：第一类为创业者的主观因素，第二类为创业环境的客观因素。其中，创业者的主观因素决定了创业活动能否开展，而客观因素则决定了创业活动在开展之后能否顺利进行，两者相辅相成，缺一不可。

一、创业水平的主观影响因素

在影响创业水平的主观因素中，创业者的个体异质性是最为重要的组成部分。经济发展水平的差异将会导致创业者个体表现出多个方面的异质性，其中较为关键的有教育、创业经验、专业能力等，而这些创业者的个体异质性则决定了创业活动的发生率和存活率。创业者个体受教育程度的高低、人力资本的多寡等要素在技术性创业企业的成立和存活中具有不可忽视的影响

（Acs et al.，2007；Baptista and Mendonca，2010；Colombo and Grilli，2010）。Ghani 等（2011）的研究指出，在印度受教育水平相对更高的地区，其制造业和服务业拥有更高的创业水平。

另外，创业水平还受到创业者个体对收益的预期、个人心理素质和创业经验的影响（Antoncic et al.，2015；Pathak et al.，2015；Quatraro and Vivarelli，2015）。毋庸置疑的是，创业天然具有一定的风险色彩，如若创业者盲目进行乐观估计，则很可能会面临错误决策带来的严重打击（Casson，1982；Koellinger et al.，2007）。国外学者 Rocha 等（2015）以 1993～2007 年葡萄牙 QP 就业登记有关的数据为样本，采用生存分析法对创业者个体创业经验在其未来创业行为中的影响展开研究，研究结果显示，初次创业持续时间的长短与个体未来创业的概率成正比。国内学者尹志超等（2015）以 2013 年 CHFS 数据作为分析样本，探讨了金融知识对创业的影响。他的研究指出，家庭创业会受到金融知识水平的影响，金融知识水平越高，其创业的主动性越明显；而且，金融知识可通过影响家庭信贷行为改善家庭风险偏好，进而降低金融约束在创业过程中的影响，从而提高家庭创业的可能性。张玉利、杨俊和任兵（2008）认为，创业者的社会关系在创业活动中有不可忽视的影响，经验丰富的创业者能够更敏锐地把握住创业的机遇，从而提高创业的积极性。

二、创业水平的客观影响因素

在主观因素之外，创业水平同时还受到客观因素的影响，并且客观因素往往种类更为繁多和复杂。在众多的客观影响因素之中，创业所在地区的制度结构与市场环境是决定创业水平的两大关键因素。

1. 制度结构因素

制度没有具体形态，但它在经济运行中产生的作用却不可小觑。制度对经济运行起规范作用，它制定了体制内的“游戏规则”。Baumol（1990）在研究中指出，创业者的天分（个体异质性）不存在太大的差异，但是他们的行为在不同时代却有着截然不同的表现，这取决于游戏规则，即经济体的制度结构。制度制定了游戏的规则，裁定了相关的回报和惩罚，是创业资源分配的重要调节手段，改变了创业资源的分配格局。规则和其他相关环境的改变自然会对地区内的创业水平造成影响。相比之下，制度较为健全的国家对创业活动的促进作用要比制度不健全的国家大得多（Acs，2006；Acs et al.，2008）。

制度可分为国家层面和地方层面两个层次，国家和地方层面的制度结构都会对创业水平产生影响。从国家层面来看，Baumol 等（2007）将创业的特征概括为以下几点：首先，着手尝试与经营某一业务的门槛并不高；其次，生产性创业活动可以获得丰厚支持；再次，非生产性活动不会受到支持；最后，有多种激励成功者专职投身于事业的方式。

Acs 等（2008）对地方层面的制度进行了如下概括：首先是直接影响，地方制度结构会对创业活动所取得的激励和回报造成直接影响，往往会以各类税收优惠、财政补贴等方式呈现，会吸引当地居民创业。其次是间接影响，受到创业活动偏好的地区可能会吸引外部地区的企业流入，从而促进本地的创业水平。此外，创业活动显著受到地区税收水平的影响（Rosen，2005），税收太高的地区不利于当地创业活动的开展。

2. 市场环境因素

市场环境因素对创业水平的影响主要体现在一个地区的经济环境和文化环境两方面。

一是经济环境。经济环境实际是各种复杂的经济要素，如市场结构、金融资本等要素的集合。吴晓瑜、王敏和李力行（2014）在研究中强调，房价对创业具有显著的挤出效应，当个体拥有房产时，家庭财富在创业方面的影响往往是积极的，但是房贷越高，其创业意愿越低；对于无房群体来说，房价在收入中的比例越高，创业的可能性越低。因此，高房价会抑制创业动机，进而影响地区创业水平。郭琪、贺灿飞和史进（2014）以 2001~2007 年的面板数据为样本，分析了空间集聚和市场结构对城市创业水平的影响，指出地方化和城市化在创业水平提升方面作用表现显著，但是当空间聚集度越过合理限度后，反而会致使创业成本增加，导致创业水平下滑；市场结构中，小企业占比越高的地方，创业的积极性就越高，而国有企业占比越高的地方，创业的积极性则越低。

二是文化环境。Linan 等（2013）认为，文化主要通过两个机制影响创业水平：首先，对创业活动较为鼓励的文化必然会提升创业的市场认可度，促使创业者个体对创业抱有较为积极和乐于尝试的心理，形成一种喜欢创业的文化氛围，吸引更多的社会大众开展创业。Powel 和 Rodet（2012）的研究也表明，创业在文化上的合法性和经济的自由度对创业早期阶段有较大的影响。其次，鼓励创业的价值观和思维模式的文化能够促使创业者在心理品质和态度上与企业家精神保持一致，这对社会大众投身于创业活动具有明显的促进作用。

Hechavarria 和 Reynolds（2009）将文化理解为制度的延伸，指出文化对机会型创业和必要型创业具有巨大影响。Fritsch 和 Wyrwich（2014）将 1920~1930 年的德国创业数据作为分析样本，研究了经济萧条年代创业水平和经济增长之间的影响，并将创业水平与德国其他时期进行了对比。结果显示，无论处于 20 世纪 20 年代还是 80 年代，创业水平较高的地区始终都是创业文化较为健全的地区。赵向阳、李海和 Rauch（2012）通过 GLOBE 和 GEM 数据库，分析了传统文化（以人际关系、权利差距为主）和现代主义文化（以高绩效、高回报为导向）对国家创业水平的影响，其结果显示，发展中国家，尤其是中低收入国家，传统文化对早期和成熟期的创业活动具有积极影响。然而发达国家却与之相反，现代主义文化则更能促进高期望和高创新的创业活动。

第三节　区域创业水平的测算

对创业活动进行量化是创业研究的基础，如果缺少这一部分数据，就无法准确分析我国的区域创业情况，无法开展实证研究工作，无法发展和完善创业理论。然而，究竟选用怎样的衡量指标对创业水平进行测算，学者们至今未达成共识。回顾以往研究，国内外学者分别从不同的角度不断发展和完善相关概念，先后提出了许多不同的创业水平测算方法，但却各有利弊。我国在重视创业问题的同时，也面临着缺少合适的创业数据的难题，为了提高我国创业水平、推动大众创业，实现“双创”经济，有必要吸取前人的经验完善自己的理论。

在此基础上，本节将首先对以往文献中出现的各类（创业水平）衡量指标进行回顾和分类，其次在数据可及的前提下选出最合适的衡量指标，最后结合我国省、市面板数据，分别从创业参与、创业活力和创业规模三个视角测算出中国整体及不同地区的区域创业水平。

一、衡量指标评述与选择

1. 创业水平衡量指标评述

在文献综述部分，本书系统梳理并总结了以往文献中国内外学者用于测算创业水平的衡量指标（详见第一章表 1-2），根据各类指标对创业水平考察角度的不同，可将其细分为以下三类：

一是从企业角度。从企业层面考察创业水平即是将创业企业作为一个整体，根据创业企业的自身属性和在不同阶段的发展状况衡量一个国家或地区的创业水平。企业层面的衡量指标主要包括创业企业所有权比率（Audretsch et al.，2002；Carree et al.，2002）、创业企业进入市场比率、创业企业占所有企业比率（Audretsch and Thurik，2001；Audretsch，2002；何予平，2006）和创业企业所占市场份额（Cabral，2000；Audretsch and Thurik，2001）四种。这四种指标属于企业层面的指标，相关数据统计通常相对完善且易获取，因此，得到众多学者的广泛应用。但是，由于企业层面的衡量指标测算的创业水平较为宽泛，不能深入分析创业的具体细节问题，因此，还需要其他层面的衡量指标对其进行补充。

二是个体角度。从创业者的个体层面来看，目前全球创业监测 GEM（Global Entrepreneurship Monitor）体系中的总体创业活动率 TEA（Total Entrepreneurship Activity，指的是 16~64 岁的创业者创建的不超过 42 个月的企业数量占比）指数①和创业企业的自我雇佣人数比率（Wennekers，2002；Grilo et al.，2006；袁红林、蒋含明，2013）两种指标应用相对更加广泛。相比于企业层面的四种衡量指标，上述两种衡量指标可以更好地观测创业发起者在创业活动中的作用，考察的创业内容更加深入和具体，反映的创业细节更加全面和丰富，因此它们在目前测算创业水平的各类方法中逐渐成为主流。

三是生命周期角度。生命周期角度即是将创业企业从萌发到退出市场的整个创业周期划分为不同的阶段，然后测算在每个阶段内企业的具体发展状况。邹欣（2016）根据全球创业监测网公布的 GEM 数据库和世界银行数据库的相关数据，测算了全球 28 个国家在 2002~2011 年不同创业周期下的创业企业的总体（创业整体阶段）、萌芽期（不足 3 个月）、初期（3~42 个月）、成熟期（超过 42 个月）以及创业失败（过去 1 年退出市场）情况，并分析了制度因素和企业的个体异质性因素对不同生命周期创业水平的影响。生命周期层面的测算方法是对企业层面和个体层面测算方法的进一步拓展和补充，能够通过建立与不同变量的实证模型，量化分析出各类经济因素对处于不同生

① 全球创业监测（GEM）体系中共包含三类创业指数的测量，分别为 TEA 指数、FEA 指数和 SEA 指数。其中，TEA 指数应用最为广泛。

命周期下创业企业的影响。但是，生命周期测算方法也存在较大的缺陷：

首先，对创业的考察范围过于局限。创业是一个多维度的概念，生命周期方法测算的仅是在不同创业阶段企业业主（16~64 岁）所占比率，缺少对其他（创业参与度、创业规模、创业活力等）创业细节的体现，不能很好地反映出我国现实中的具体创业状况。其次，创业水平的测算结果过于宏观。在生命周期测算方法中，主要使用全球创业监测 GEM 数据库和世界银行数据库提供的全球创业数据，只能测算出我国国家层面的创业水平，而不能体现我国不同地区创业水平的微观差异，对现实的指导意义略显不足。

2. 创业水平衡量指标选择

通过对以上文献的回顾和衡量指标的梳理，本书发现，虽然国内外在创业水平测算方面的研究已日益完善，但每种衡量指标都含有其明显的不足之处。此外，创业是一个较为宽泛的概念，仅通过某一角度和层面的衡量指标完全不足以描述创业的内涵，需要不同维度的衡量指标相互配合、相互补充，才能够全面描绘出创业水平。但是，鉴于我国对创业方面的研究起步较晚、重视不足，缺乏区域层面的定量分析（微观企业）统计数据，并不能得到以上所有指标的完整信息，这在很大程度上增加了创业水平测算的难度。因此，在测算我国区域创业水平时，本书结合浙江大学管理学院公布的《2016 浙江省创业发展报告》中区域创业水平的测量体系，在数据可及的前提下，最终选择从创业参与（Grilo et al.，2006；袁红林、蒋含明，2013）、创业活力（何予平，2006；袁红林、蒋含明，2013）、创业规模三个视角描绘中国整体及不同地区的创业水平。[①] 具体测算方法如下：

第一，创业参与视角衡量了市场中创业企业吸纳的劳动力人数水平（创业企业雇佣人数占比），通过“城镇私营和个体从业人员数”除以“从业人员期末人数”计算得到（以下简称“创业水平 ES1”）。第二，创业活力视角衡量了创业企业数量的增长水平（创业企业数量年增长率），通过“私营企业户数”的年增长率计算得到（以下简称“创业水平 ES2”）。第三，创业规模视角衡量了创业企业规模的增长水平（创业企业注册资金年增长率），通过“私营企业注册资金”的年增长率计算得到（以下简称“创业水平 ES3”）。

在上述三个指标中，创业参与视角测算了中国 2000~2015 年 261 个城市

① 在选择创业水平的衡量指标时，本书着重考察的是中国各地区的创业增量，而并没有涉及创业质量。

的区域创业水平 ES1，数据来源于《中国城市统计年鉴》，在这 261 个城市中，根据城市所处的地理位置，可将其具体划分为 101 个东部城市、99 个中部城市和 61 个西部城市；[①] 创业活力视角测算了中国 2001~2012 年 30 个省、自治区和直辖市（以下简称“省”）的区域创业水平 ES2，数据来源于《中国企业年鉴》；创业规模视角测算了中国 2001~2011 年 30 个省的区域创业水平 ES3，数据来源于《中国私营经济年鉴》。

本书中不同观测视角下区域创业水平的衡量指标及其数据来源具体如表 2-2 所示。

表 2-2　不同观测视角下区域创业水平的衡量指标与数据来源

变量	观测视角	衡量指标	数据样本	数据来源
ES1	创业参与	创业企业雇佣人数占比	2000~2015 年 261 个城市	《中国城市统计年鉴》
ES2	创业活力	创业企业数量年增长率	2001~2012 年 30 个省	《中国企业年鉴》
ES3	创业规模	创业企业注册资金年增长率	2001~2011 年 30 个省	《中国私营经济年鉴》

二、测算结果与分析

1. 创业参与视角下区域创业水平 ES1 的测算结果与分析

在创业参与视角下，本书根据《中国城市统计年鉴》公布的统计数据测算了 2000~2015 年我国东部、中部、西部 261 个城市的创业水平 ES1（创业企业雇佣人数占比）及其变化趋势，具体如表 2-3 和图 2-2 所示。囿于篇幅的限制，表 2-3 中只汇报了三个地区共计 35 个城市[②]在 2003~2015 年的测算结果。

① 对中部、东部、西部城市的划分方法为：东部城市表示位于北京、天津、河北、辽宁、上海等 11 个省、自治区、直辖市内的城市；中部城市表示位于山西、吉林、黑龙江、河南、湖北等 8 个省、自治区、直辖市内的城市；西部城市表示位于四川、重庆、贵州、云南、陕西等 12 个省、自治区、直辖市内的城市。下同。

② 在这 35 个城市中，分别包括全国 29 个省（除西藏自治区外）的省会、首府城市以及直辖市和计划单列市。

表 2-3　2003~2015 年创业参与视角下的区域创业水平 ES1 测算结果

地区		年份													
		2003	2004	2005	2006	2007	2008	2009	2010	2011	2012	2013	2014	2015	平均
东部地区	北京	0.11	0.17	0.21	0.29	0.58	0.38	0.63	0.40	0.39	0.40	0.85	0.52	0.55	0.41
	天津	0.45	0.33	0.27	0.39	0.72	0.44	0.93	0.51	0.92	0.48	0.66	0.29	0.31	0.50
	沈阳	0.97	0.49	0.67	0.40	0.74	0.39	0.74	0.43	0.94	0.45	0.90	0.49	0.52	0.62
	大连	0.53	0.57	0.08	0.58	0.50	0.57	0.54	0.64	0.60	0.64	0.64	0.67	0.46	0.52
	上海	0.40	0.40	0.54	0.43	0.70	0.43	0.81	0.46	0.71	0.41	0.66	0.40	0.44	0.51
	南京	0.84	0.45	0.87	0.48	0.54	0.55	0.52	0.55	0.59	0.56	0.53	0.53	0.60	0.53
	无锡	0.26	0.57	0.69	0.62	0.72	0.64	0.69	0.68	0.64	0.67	0.67	0.64	0.66	0.60
	苏州	0.37	0.32	0.56	0.38	0.50	0.51	0.57	0.59	0.59	0.65	0.54	0.54	0.58	0.48
	杭州	0.94	0.52	0.85	0.43	0.81	0.40	0.63	0.39	0.64	0.37	0.64	0.42	0.46	0.55
	宁波	0.67	0.33	0.86	0.49	0.49	0.53	0.51	0.47	0.74	0.53	0.55	0.57	0.49	0.52
	温州	0.88	0.48	0.96	0.50	0.52	0.51	0.56	0.52	0.62	0.69	0.70	0.70	0.77	0.61
	福州	0.50	0.34	0.58	0.41	0.75	0.33	0.57	0.46	0.75	0.43	0.75	0.46	0.48	0.47
	厦门	0.27	0.38	0.53	0.47	0.57	0.52	0.52	0.62	0.67	0.66	0.66	0.67	0.62	0.51
	济南	0.39	0.42	0.72	0.47	0.81	0.59	0.59	0.54	0.86	0.45	0.56	0.50	0.54	0.52
	青岛	0.54	0.40	0.42	0.42	0.42	0.48	0.51	0.55	0.93	0.52	0.62	0.60	0.63	0.51

续表

地区		年份													
		2003	2004	2005	2006	2007	2008	2009	2010	2011	2012	2013	2014	2015	平均
东部地区	广州	0.47	0.37	0.64	0.41	0.76	0.46	0.82	0.47	0.50	0.53	0.81	0.52	0.54	0.52
	深圳	0.52	0.52	0.57	0.59	0.55	0.60	0.54	0.58	0.55	0.61	0.97	0.49	0.49	0.53
	平均	0.38	0.39	0.44	0.41	0.45	0.44	0.46	0.47	0.47	0.47	0.46	0.45	0.47	0.42
中部地区	太原	0.36	0.37	0.34	0.26	0.31	0.23	0.46	0.34	0.57	0.35	0.61	0.37	0.46	0.35
	长春	0.31	0.52	0.51	0.40	0.45	0.36	0.50	0.39	0.66	0.40	0.91	0.42	0.57	0.44
	哈尔滨	0.21	0.26	0.42	0.29	0.46	0.33	0.51	0.38	0.48	0.53	0.53	0.45	0.46	0.33
	合肥	0.40	0.37	0.57	0.32	0.42	0.57	0.52	0.49	0.48	0.48	0.49	0.47	0.54	0.40
	南昌	0.31	0.38	0.44	0.49	0.47	0.49	0.53	0.48	0.66	0.39	0.62	0.37	0.38	0.42
	郑州	0.41	0.31	0.46	0.33	0.46	0.35	0.41	0.31	0.95	0.45	0.57	0.32	0.36	0.41
	武汉	0.46	0.47	0.44	0.46	0.46	0.46	0.45	0.49	0.56	0.57	0.53	0.57	0.53	0.50
	长沙	0.39	0.41	0.42	0.40	0.41	0.45	0.42	0.45	0.46	0.45	0.44	0.40	0.46	0.43
	平均	0.26	0.33	0.33	0.35	0.37	0.38	0.40	0.43	0.45	0.46	0.44	0.45	0.47	0.34
西部地区	南宁	0.48	0.38	0.47	0.49	0.41	0.44	0.41	0.39	0.40	0.28	0.34	0.38	0.62	0.41
	重庆	0.67	0.65	0.67	0.72	0.71	0.71	0.73	0.73	0.81	—	—	—	—	0.73
	成都	0.34	0.48	0.66	0.61	0.62	0.62	0.56	0.58	0.65	0.61	0.61	0.58	—	0.56

续表

地区		年份													
		2003	2004	2005	2006	2007	2008	2009	2010	2011	2012	2013	2014	2015	平均
西部地区	贵阳	0.57	0.71	0.36	0.40	0.40	0.30	0.29	0.60	—	0.40	0.41	0.36	—	0.42
	昆明	—	0.56	0.61	0.58	0.59	0.58	0.61	0.64	0.68	0.69	0.66	0.70	—	0.57
	西安	0.37	0.38	0.40	0.50	0.54	0.60	0.68	0.74	0.72	0.73	0.56	0.60	0.65	0.52
	兰州	0.17	0.24	0.27	0.28	0.35	0.70	0.82	0.87	0.96	0.89	0.90	0.89	0.85	0.61
	西宁	0.35	0.29	0.28	0.48	0.37	0.33	0.35	0.32	0.37	0.38	0.55	0.51	0.56	0.40
	银川	0.53	0.61	0.72	0.74	0.65	0.77	0.79	0.74	0.56	0.62	0.66	0.57	0.54	0.61
	乌市	0.26	0.36	0.53	0.52	0.53	0.57	0.54	0.60	0.70	0.68	0.71	0.72	0.76	0.53
	平均	0.31	0.34	0.33	0.38	0.40	0.41	0.42	0.42	0.44	0.45	0.44	0.43	0.44	0.40
全国	平均	0.29	0.35	0.36	0.38	0.41	0.41	0.43	0.44	0.46	0.46	0.43	0.44	0.46	0.41

注：①表中全国及各地区的平均创业水平 ES1 为 2000~2015 年地区内所有城市的平均水平。②表中“—”表示该项数据缺失。③表中“乌市”表示新疆维吾尔自治区首府乌鲁木齐市。

资料来源：《中国城市统计年鉴》。

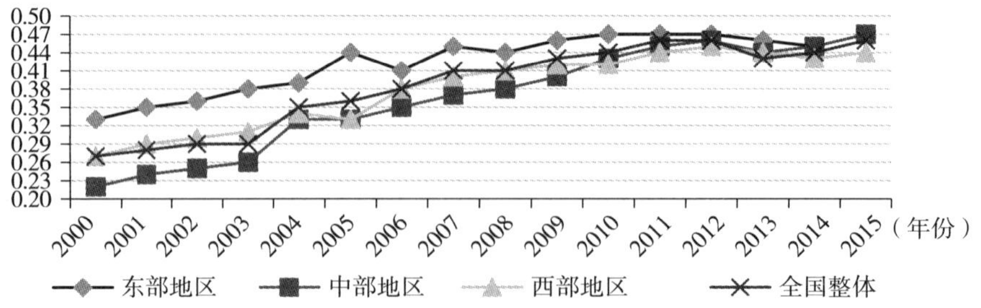

图 2-2　2000~2015 年创业参与视角下区域创业水平走势

由表 2-3 和图 2-2 中的统计结果可以发现，从创业参与视角来看，我国整体地区的创业水平 ES1 表现出了明显的增长趋势，从 2000 年的 0.27 增长到 2015 年的 0.46，增幅达到 70.4%。在此期间，虽然部分地区的创业水平 ES1 在 2014 年经历了短暂下降，但总体上，创业企业对社会中劳动力的吸纳能力保持着增长趋势。这说明随着我国市场化改革的不断深入，越来越多的社会大众融入到了创业活动的氛围之中，为市场经济注入了源源不断的活力。尤其在 2000~2006 年，随着中国加入 WTO，创业企业的发展再次迎来了重大机遇，创业水平 ES1 快速增长。但是，随着新常态的到来，经济下行趋势明显，全国创业水平 ES1 的增长速度逐渐放缓。根据测算结果，从 2010 年开始，创业水平 ES1 一直保持在 0.44~0.46，增长速度明显下降，而在 2013 和 2014 年呈现出下滑态势。

从地区层面来看，东部地区的创业水平 ES1 居于全国首位，创业参与度最高，是我国创业群体最为集中的地区。截至 2015 年，东部地区在 2000~2015 年的平均创业水平 ES1 已达到 0.42，说明整个东部地区共有 40%左右的社会劳动力参与到了创业活动之中。其中，浙江温州和江苏无锡是地区创业水平 ES1 最高的两个城市，平均创业水平 ES1 分别达到了 0.61 和 0.60，在全国 261 个城市中居于前两名。相比于东部地区，中部地区的平均创业水平 ES1 在整体上略低一些，2000~2015 年的平均创业水平 ES1 仅为 0.34，但增长速度却位居全国首位；在中部地区内部，创业水平 ES1 在各城市的分布较为均匀，城市间差距不大。反观西部地区，2000~2015 年的平均创业水平 ES1 为 0.40，略低于东部地区，但是增长速度较慢，并于 2015 年被中部地区超越。总体上，在创业参与视角下，现阶段全国创业水平 ES1 在地域分布上呈现出从西向东依次递增的特征。

2. 创业活力视角下区域创业水平 ES2 的测算结果与分析

在创业活力视角下，本书根据《中国企业年鉴》公布的统计数据测算了 2001~2012 年我国 30 个省的创业水平 ES2（创业企业数量年增长率）和变化趋势，测算结果如表 2-4 和图 2-3 所示。

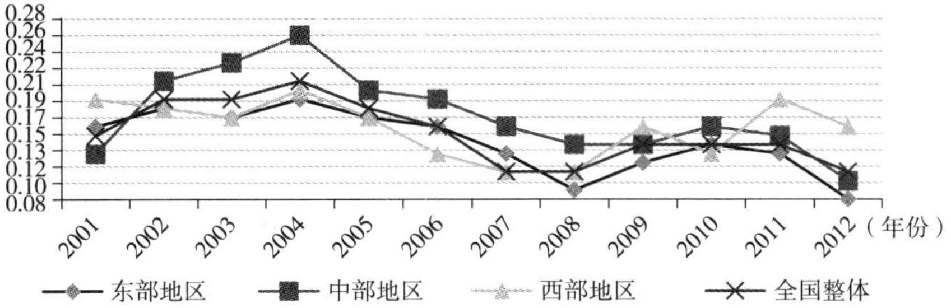

图 2-3　2001~2012 年创业活力视角下区域创业水平走势

由表 2-4 和图 2-3 中的测算结果可以发现，在创业活力视角下，中国整体创业水平 ES2 在 2001~2012 年经历了“上升→下降→上升→下降”的“M”字形变化趋势。2001~2004 年，随着中国加入 WTO，创业企业数量在短期内出现了快速增长，市场中的创业活力日益旺盛；2005~2008 年，由于受到国际金融危机的影响，创业企业的增长速度开始下降，市场中的创业活力受到了严重抑制，直到 2009 年才开始逐渐复苏；但是，从 2011 年开始，创业企业的增长速度再次下降，市场中的创业活力重新回到了较低水平。

分地区来看，创业活力视角下创业水平 ES2 在区域分布上呈现出从西向东依次递减的特征。造成这一现象的原因包括以下三点：第一，东部地区经济发展起步较早，企业基数较大，因此创业企业的增长速度相对较缓；第二，东部地区要素资源（劳动和土地要素等）相对匮乏，导致区域内要素价格偏高，为了缩减开支，从 2000 年以后，部分产业已经逐步向中西部地区转移（贺曲夫、刘友金，2012）；第三，由于受到土地、环境等资源的限制，近年来东部地区部分省份（如广东、浙江等）开始逐步实施“腾笼换鸟”策略①，积极调整产业结构，改变以往高投入、高消耗、高排放的粗放型增长方式，迁出或淘汰区域内低端产业（石磊、刘伟明，2012）。相比之下，中西部地区

① “腾笼换鸟”策略是一项产业结构调整和产业升级策略，最早由广东省作为转变经济发展方式、加快经济结构调整的战略举措而提出。目前，以珠三角和长三角为典型的东部地区正在经历“腾笼换鸟”的过程。

表 2-4　2001~2012 年创业活力视角下的区域创业水平 ES2 测算结果

地区		年份												
		2001	2002	2003	2004	2005	2006	2007	2008	2009	2010	2011	2012	平均
东部地区	北京	0.21	0.21	0.25	0.20	0.16	0.17	0.10	0.07	0.13	0.15	0.10	0.09	0.16
	天津	0.19	0.18	0.19	0.18	0.11	0.11	0.10	0.11	0.12	0.13	0.12	0.07	0.14
	河北	—	0.23	0.27	0.25	0.18	0.24	0.20	0.10	0.16	0.07	0.15	0.08	0.18
	辽宁	0.13	0.16	0.17	0.20	0.21	0.15	0.12	0.06	0.11	0.15	0.10	0.10	0.15
	上海	0.28	0.23	0.10	0.32	0.23	0.07	—	0.05	0.07	0.12	0.10	0.06	0.15
	江苏	0.29	0.22	0.18	0.22	0.21	0.18	0.13	0.10	0.12	0.15	0.14	0.07	0.18
	浙江	0.17	0.11	0.15	0.10	0.08	0.13	0.11	0.05	0.09	0.13	0.13	0.06	0.12
	福建	0.14	0.16	0.11	0.26	0.16	0.14	0.12	0.14	0.12	0.16	0.15	0.10	0.16
	山东	0.02	0.11	0.10	0.21	0.14	0.15	0.02	0.05	0.12	0.13	0.13	0.09	0.11
	广东	0.15	0.21	0.21	0.21	0.15	0.23	0.13	0.08	0.11	0.17	0.17	0.11	0.17
	海南	0.03	—	0.16	-0.03	0.27	0.17	0.25	0.15	0.13	0.19	0.14	0.09	0.15
	平均	0.16	0.18	0.17	0.19	0.17	0.16	0.13	0.09	0.12	0.14	0.13	0.08	0.15
中部地区	山西	0.10	0.23	0.22	0.30	0.28	0.23	0.24	0.11	0.09	0.14	0.16	0.06	0.19
	安徽	0.19	0.19	0.14	0.19	0.19	0.23	0.11	0.13	0.09	0.21	0.15	0.13	0.17
	江西	0.13	0.22	0.30	0.24	0.17	0.19	0.17	0.10	0.21	0.24	0.14	0.12	0.19
	吉林	0.17	0.23	0.22	0.33	0.18	0.17	0.10	0.19	0.14	0.14	0.12	0.09	0.18
	黑龙江	—	0.15	0.32	0.13	0.18	0.14	0.26	0.28	0.11	0.11	0.11	0.10	0.17
	河南	0.13	0.21	0.29	0.32	0.24	0.17	0.15	0.14	0.15	0.16	0.16	0.05	0.19
	湖北	0.11	0.22	0.19	0.32	0.13	0.17	0.13	0.11	0.13	0.16	0.16	0.13	0.17

续表

地区		年份												
		2001	2002	2003	2004	2005	2006	2007	2008	2009	2010	2011	2012	平均
中部地区	湖南	0.23	0.22	0.13	0.22	0.23	0.19	0.15	0.06	0.17	0.16	0.18	0.13	0.18
	平均	0.13	0.21	0.23	0.26	0.20	0.19	0.16	0.14	0.14	0.16	0.15	0.10	0.16
西部地区	内蒙古	0.12	0.21	0.27	0.22	0.13	0.13	0.16	0.22	0.15	0.20	0.17	0.08	0.18
	广西	0.13	0.22	0.21	0.24	0.20	0.17	0.15	0.14	0.21	0.26	0.32	0.20	0.22
	重庆	0.13	0.14	0.11	0.24	0.11	0.06	0.25	0.07	0.14	0.08	0.48	0.21	0.19
	四川	0.20	0.23	0.19	0.23	0.32	0.17	0.08	0.15	0.14	0.11	0.12	0.09	0.18
	贵州	0.11	0.18	0.24	0.28	0.15	0.18	0.12	0.05	0.12	0.08	0.22	0.46	0.19
	云南	0.43	0.24	0.19	0.19	0.27	0.16	0.10	0.12	0.17	0.14	0.15	0.07	0.21
	陕西	0.14	0.09	0.11	0.07	0.14	0.06	0.01	0.02	0.49	0.10	0.15	0.08	0.13
	甘肃	0.15	0.20	0.10	0.23	0.17	0.10	0.12	0.13	0.17	0.13	0.11	0.06	0.15
	青海	0.22	0.12	0.09	0.12	0.11	0.04	—	0.10	0.05	0.13	0.17	0.28	0.12
	宁夏	0.28	0.22	0.13	0.19	0.08	0.13	0.11	0.13	0.12	0.10	0.11	0.15	0.16
	新疆	0.18	0.17	0.23	0.18	0.20	0.23	0.09	0.10	0.05	0.08	0.04	0.07	0.15
	平均	0.19	0.18	0.17	0.20	0.17	0.13	0.11	0.11	0.16	0.13	0.19	0.16	0.17
全国	平均	0.15	0.19	0.19	0.21	0.18	0.16	0.11	0.11	0.14	0.14	0.14	0.11	0.16

注：①从2008年开始（含2008年）统计的创业企业包含其分支机构，因此在统计口径上会与2001~2007年的统计数据有略微不同，但对统计结果影响不大；②表中“—”表示该项数据缺失。

资料来源：《中国企业年鉴》和《中国私营经济年鉴》。

由于区域内企业基数相对较少、要素资源丰富、生产成本较低等特点，新进企业的增长速度不断攀升。在观测期间，全国私营企业数量增长速度最快的5个省分别为广西、云南、贵州、重庆和河南，均出现在中西部地区。因此，在创业活力视角下，创业水平ES2呈现出从西向东递减的特征。

3. 创业规模视角下区域创业水平ES3的测算结果与分析

在创业规模视角下，本书根据《中国私营经济年鉴》公布的统计数据测算了2001~2011年我国30个省的创业水平ES3（创业企业规模年增长率）和变化趋势，测算结果如图2-4和表2-5所示。

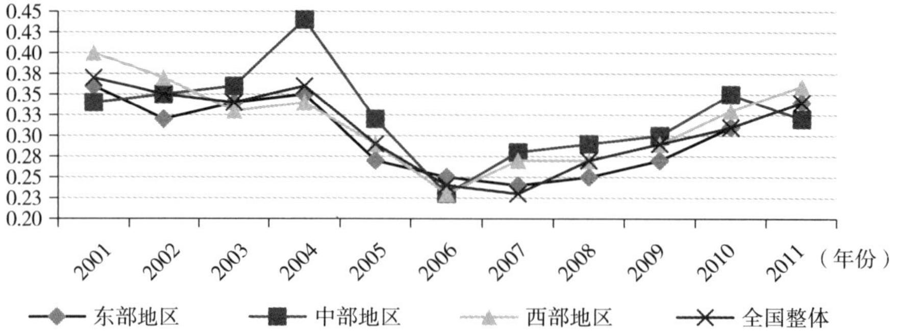

图2-4　2001~2011年创业规模视角下区域创业水平走势

由图2-4和表2-5中的测算结果和走势可以看出，在创业规模视角下，我国整体创业水平ES3在2001~2011年呈现出“上升→下降→上升”的“N”字形变化趋势，最低点出现在2007~2008年，随后进入较为平稳的增长期，并于2011年重新恢复到了2001年的增长水平。

具体而言，在东部、中部、西部三个地区之中，中部地区的平均创业水平ES3最高，达到了0.33，居于全国首位，并且变化幅度最为明显。西部地区紧随其后，平均创业水平ES3为0.32，略低于中部地区。东部地区的平均创业水平ES3最低，仅为0.30，但变化幅度相对平稳。可以看出，随着我国区域间的产业转移，中部和西部地区凭借着巨大的要素资源和生产成本优势，市场中的创业潜力得到了巨大释放，创业企业的规模与日俱增。然而东部地区由于市场竞争较为激烈，为了减少创业风险，创业企业更加倾向于缩小企业规模。因此，在创业规模视角下，创业水平ES3在区域分布上呈现出从中部向两边依次递减的特征。

表 2-5　2001~2011 年创业规模视角下的区域创业水平 ES3 测算结果

地区		年份											
		2001	2002	2003	2004	2005	2006	2007	2008	2009	2010	2011	平均
东部地区	北京	0. 58	0. 42	0. 37	0. 21	0. 14	0. 14	0. 13	0. 22	0. 26	0. 30	0. 38	0. 29
	天津	—	0. 39	0. 33	0. 32	0. 28	0. 19	0. 26	0. 24	0. 31	0. 40	0. 82	0. 35
	河北	0. 04	0. 17	0. 28	0. 44	0. 24	0. 46	0. 41	0. 33	0. 30	0. 26	0. 31	0. 29
	辽宁	0. 42	0. 42	0. 43	0. 47	0. 32	0. 15	0. 27	0. 26	0. 23	0. 23	0. 22	0. 31
	上海	0. 56	0. 39	0. 38	0. 36	0. 27	0. 13	0. 08	0. 15	0. 20	0. 25	0. 27	0. 28
	江苏	0. 49	0. 43	0. 45	0. 47	0. 35	0. 34	0. 31	0. 32	0. 34	0. 39	0. 29	0. 38
	浙江	0. 37	0. 35	0. 35	0. 34	0. 32	0. 34	0. 25	0. 26	0. 27	0. 29	0. 25	0. 31
	福建	0. 19	0. 23	0. 29	0. 40	0. 40	0. 23	0. 30	0. 33	0. 30	0. 42	0. 24	0. 30
	山东	0. 40	0. 41	0. 43	0. 47	0. 29	0. 27	0. 17	0. 22	0. 26	0. 34	0. 28	0. 32
	广东	0. 26	0. 26	0. 24	0. 24	0. 19	0. 26	0. 20	0. 17	0. 20	0. 19	0. 43	0. 24
	海南	0. 29	0. 19	0. 14	0. 08	0. 21	0. 18	0. 31	0. 27	0. 28	0. 29	0. 22	0. 22
	平均	0. 36	0. 32	0. 34	0. 35	0. 27	0. 25	0. 24	0. 25	0. 27	0. 31	0. 34	0. 30
中部地区	山西	0. 15	0. 22	0. 28	0. 35	0. 23	0. 30	0. 39	0. 30	0. 29	0. 30	0. 29	0. 28
	安徽	0. 29	0. 30	0. 31	0. 32	0. 31	0. 33	0. 23	0. 33	0. 34	0. 47	0. 39	0. 33
	江西	0. 33	0. 33	0. 34	0. 43	0. 36	0. 26	0. 25	0. 27	0. 33	0. 41	0. 29	0. 33
	吉林	0. 73	0. 62	0. 49	0. 45	0. 15	0. 18	0. 24	0. 26	0. 27	0. 28	0. 32	0. 36
	黑龙江	0. 33	0. 34	0. 29	0. 43	0. 26	0. 10	0. 32	0. 26	0. 28	0. 29	0. 20	0. 28
	河南	0. 10	0. 23	0. 26	0. 45	0. 64	0. 23	0. 26	0. 30	0. 33	0. 39	0. 40	0. 33

续表

地区		2001	2002	2003	2004	2005	2006	2007	2008	2009	2010	2011	平均
中部地区	湖北	0.31	0.33	0.40	0.53	0.22	0.18	0.29	0.29	0.29	0.26	0.30	0.31
	湖南	0.45	0.46	0.47	0.54	0.34	0.24	0.24	0.27	0.30	0.35	0.38	0.37
	平均	0.34	0.35	0.36	0.44	0.32	0.23	0.28	0.29	0.30	0.35	0.32	0.33
西部地区	内蒙古	0.19	0.31	0.36	0.53	0.27	0.37	0.65	0.51	0.49	0.54	0.30	0.41
	广西	0.16	0.23	0.26	0.41	0.34	0.28	0.28	0.30	0.31	0.43	0.36	0.31
	重庆	0.30	0.30	0.27	0.26	0.26	0.19	0.37	0.33	0.29	0.26	0.36	0.29
	四川	0.35	0.33	0.32	0.32	0.50	0.10	0.16	0.28	0.30	0.48	0.21	0.30
	贵州	0.27	0.31	0.32	0.40	0.23	0.20	0.26	0.25	0.27	0.19	0.38	0.28
	云南	0.90	0.78	0.54	0.39	0.33	0.34	0.23	0.24	0.24	0.29	0.33	0.42
	陕西	0.36	0.30	0.21	0.09	—	0.02	0.02	0.10	0.31	—	—	0.18
	甘肃	0.37	0.34	0.34	0.34	0.31	0.29	0.10	0.19	0.27	0.33	0.32	0.29
	青海	0.59	0.41	0.38	0.35	0.22	0.11	0.11	0.21	0.22	0.25	0.54	0.31
	宁夏	0.39	0.39	0.29	0.41	0.17	0.38	0.71	0.40	0.34	0.33	0.23	0.37
	新疆	0.55	0.41	0.37	0.29	0.24	0.21	0.11	0.20	0.19	0.18	0.53	0.30
	平均	0.40	0.37	0.33	0.34	0.29	0.23	0.27	0.27	0.29	0.33	0.36	0.32
全国	平均	0.37	0.35	0.34	0.36	0.29	0.24	0.23	0.27	0.29	0.31	0.34	0.31

（表头“年份”横跨 2001—平均各列）

注：①从 2008 年开始（含 2008 年）统计的创业企业包含其分支机构，因此在统计口径上会与 2001~2007 年的统计数据有略微不同，但对统计结果影响不大；②表中“—”表示该项数据缺失。

资料来源：《中国企业年鉴》和《中国私营经济年鉴》。

至此，本书已分别从创业参与、创业活力和创业规模三个视角测算了我国整体及不同地区的创业水平，并绘制了近年来区域创业水平的变化趋势，如表 2-3、表 2-4、表 2-5 和图 2-2、图 2-3、图 2-4 所示。根据测算结果，本书对不同观测视角下创业水平整体变化趋势与区域特征进行了归纳，具体如表 2-6 所示。

表 2-6　不同视角下创业水平整体变化趋势与区域特征

变量	观测视角	整体变化趋势	区域特征
ES1	创业参与	呈现出先上升后趋于稳定趋势	创业水平 ES1 从西部向东部依次递增
ES2	创业活力	呈现出上升→下降→上升→下降的“M”字形趋势	创业水平 ES2 从西部向东部依次递减
ES3	创业规模	呈现出上升→下降→上升的“N”字形趋势	创业水平 ES3 从中部向两边依次递减

第四节　要素价格扭曲对我国创业水平影响的现实背景

通过前文对我国创业历程的整体回顾和创业水平的测算可以发现，虽然改革开放以来的四次创业热潮在整体上推动了我国创业的快速发展，但是近年来尤其是 2010 年以来，在国内外多种因素的影响下，创业受到了严重阻碍，创业水平在不同视角（创业参与、创业活力、创业规模）下都呈现出了不同程度的下滑趋势。如果抛开各地区创业者的个体异质性差异，那么，究竟是什么原因造成了我国创业水平的增速放缓？为什么创业水平在不同地区间存在诸多差异？是什么深层次的内在因素导致我国创业水平随着改革路径的推移不断发生变化？是否存在某些潜藏在我国机制体制中的结构性矛盾？为了解决这些问题，笔者试图从我国的机制体制中寻找影响我国创业水平的深层次原因。

市场经济是培育创业的重要环境，推进市场化进程是促进我国创业水平提高的重要途径。市场经济由产品与生产要素两大市场构成，只有两大市场并驱前行，才能有效推进市场化进程。就我国市场现有情况来看，产品市场已经基本实现市场化，但在生产要素市场中，改革前由于中国经济发展迟缓，制定了优先发展重工业的赶超战略，政府介入市场推行一系列制度为重工业发展提供政策和资源支持，导致产品与价格要素扭曲，包括低工资、低汇率、低利率以及低矿产资源价格。改革开放后，由于受到过去计划经济体制的长期影响，我国要素市场扭曲并未得到有效缓解和改善（林毅夫，1994，2002）。这就不可避免地导致我国资本、劳动、土地等要素的市场化程度较低，此外还有诸如补贴、市场准入、退出机制等各类扶持或限制政策，多数经济资源配置权还掌握在政府手中，造成要素价格扭曲。

要素价格扭曲破坏了市场中的价格机制，导致要素价格无法准确反映其稀缺程度，造成了资源配置无效率，同时也会增加现有企业的创业成本和创业风险、挫伤市场中的潜在创业热情、降低创业的成功率，从而影响我国的创业水平。因此，本节将以要素市场中的价格扭曲现象为视角，结合我国的创业现状，论述在当前的创业环境下，资本、劳动和土地要素价格扭曲对我国创业水平影响的现实背景和原因。

一、资本要素价格扭曲对创业水平影响的现实背景

资本要素价格扭曲对创业的影响主要体现在创业企业融资成本高和融资难度大两个方面。大多数国家都普遍存在创业企业的融资难题，然而中国的创业企业绝大多数是中小型企业，政府和银行对不同企业之间的偏好程度明显不同，资本要素价格扭曲对创业的影响则相对显得更加突出。

在融资成本方面，利率反映了资本的价格，是企业进行长期战略决策所要考虑的重要因素。然而，由于受到过去计划经济体制的影响，资本市场的要素价格扭曲导致价格信号的作用没有得到体现，利率明显偏离了市场均衡点。根据数据显示，我国创业企业获得银行贷款的利率，一般都在基准利率基础上上浮 40.0%，加上担保费、审计费、工商查询费等，创业企业承担的利率整体保持在 12.0%~15.0%，有的甚至高达 30.0%。可以说，融资成本高是价格扭曲在资本市场上的重要体现，对我国创业具有非常明显的负面影响。

在融资难度方面，由于国有企业具有政府担保效应，而大型企业的资产规模同样具有担保作用，因此作为企业融资的主要金融机构，国有商业银行更倾向于将贷款发放给国有企业或是大型企业；而创业企业规模小、实力差、防范风险能力较弱，通常会受到银行机构的“歧视”，导致融资难度较大。此

外，由于受到地方经济分割的影响，资本在地区间的流动受到较大限制，加大了创业企业跨地区的融资难度。因此，融资难度大是要素价格扭曲在资本市场的另一个重要体现，与融资成本高一起共同阻碍着我国的创业发展。

二、劳动要素价格扭曲对创业水平影响的现实背景

对于劳动市场，由行业扭曲和所有制扭曲造成的劳动要素价格扭曲现象同样是影响我国创业的重要因素，这主要体现在创业企业用工成本高和招工难度大两个方面。

在用工成本方面，改革开放40多年来，中国劳动力市场发生了巨大的变化，劳动力在全国范围内的流动性大大增强，劳动要素的成本不断升高。受到劳动市场行业扭曲和所有制扭曲的影响，劳动要素的价格在不同行业、部门和企业之间存在明显的差异。不同行业之间劳动力报酬的不平衡造成了全国劳动要素价格呈螺旋式上升，增加了创业的要素成本。在当前多种成本叠加上升的巨大压力下，创业企业用工成本过高问题非常明显。

在招工方面，创业企业特别是中小型创业企业由于资金不足、待遇差等问题，在用工流向上表现出“三难”现象：创业企业比国企更难招聘高端人才；小城镇比大城市更难招聘技能人才；东南沿海地区比西部地区更难招聘普通工人。与此同时，在国家不断提高最低工资标准和内地用工需求不断增加的双重效应下，一些内地务工人员选择就近就业，进一步加剧了创业企业招工难的问题。

三、土地要素价格扭曲对创业水平影响的现实背景

尽管我国国土辽阔，但人口基数庞大，土地一直都是我国稀缺的资源之一。根据我国的土地政策来看，城市土地的归属主体为政府，农村土地归属为集体所有，农户只具备土地承包权，土地产权界定单一和工业用地定价差异较大所导致的土地价格扭曲是造成创业企业用地难和用地贵的主要原因，严重阻碍着我国创业的发展。

在土地资源方面，国内城市土地都属于国家，农村土地属于集体，所有项目建设用地必须使用国有土地。在此背景下，如果要占用农村土地，就必须将农村土地变更为国有土地。从法律层面上来看，农村土地变更为国有土地的途径只有政府征地才可实现。因此，政府便成为我国土地一级市场的垄断者和唯一供应商。由于土地是稀缺的，所以地方政府在分配土地时难免要

进行权衡取舍。

在用地价格方面，工业用地的转让费用通常无法准确反映土地资源的稀缺程度。投资能够有效带动当地经济发展，地方政府为提高当地 GDP 水平、促进地方经济增长，普遍会选择投资驱动型经济增长策略。在此策略的驱动下，地方政府会实施一系列优惠措施吸引外来投资，特别是在土地优惠政策方面，通常会制定极低的价格甚至是免费使用。较低的工业价格给了政府更大的主动性，不同类型企业在获取土地资源时也面临着巨大的成本差异。通常来讲，在晋升机制和财税体制的共同作用下，将大量资源投入投资驱动型产业成为各级地方政府的首要选择。

通过以上分析可以看出，虽然资本、劳动和土地要素价格扭曲对我国创业水平的影响途径不同，但影响方式和结果却大致是类似的，即要素价格扭曲提高了社会中的创业成本和难度，削弱了社会中的创业热情，从而对中国创业水平造成了严重的负面影响。具体影响现状和影响方式如图 2-5 所示。

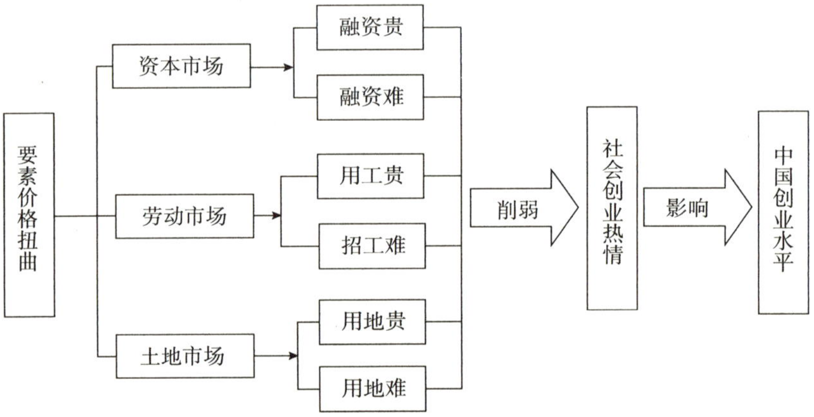

图 2-5　要素价格扭曲对我国创业水平影响的现实背景

第五节　本章小结

改革开放以来，我国经济状况发生了巨大改变，不仅表现为经济总量的大幅增长，而且也表现为经济结构的转型。随着中国对外开放的深入，市场经济逐步取代计划经济，创业历经从无到有的过程，并且呈现蓬勃发展的态势。在这一过程中，全国各地的创业热情大量释放出来，并成为推动国民经济增长、产业升级的重要力量。尤其是20世纪以来，以个体和私营企业为代表的创业经济在我国经济中所占比重不断攀升、对经济的贡献日益显著，并逐渐代替国有企业成为我国未来经济持续稳定发展的新增长点。但是，随着新常态的到来，中国经济增长由高速转变为中低速，机制体制中积累的深层次结构矛盾不断显现，我国创业的发展正面临着严峻的困境。根据本章对我国30个省和261个城市创业水平的测算，在不同的观测视角（创业参与、创业活力、创业规模）下，近年来尤其是2010年以来，我国整体地区创业水平的增速逐渐放缓，并在个别地区呈现出了不同程度的下滑趋势。在影响创业水平的诸多因素中，根据我国的现实背景，本书发现要素市场中的价格扭曲问题是阻碍我国创业发展的重要现实因素。

在长期计划经济体制的影响下，目前我国要素市场中仍然存在着明显的价格扭曲现象。在市场要素配置方面，由于行政力量的过度干预，导致要素价格扭曲，价格不再有效反映市场的供需结构关系，同时也使要素资源不能在企业间自由流动。资本市场中，国有商业银行基于风险规避的经营理念，更倾向于将贷款投入国有企业或是大型企业，而对于创业企业特别是中小型创业企业，由于规模小、管理混乱、抵抗风险能力弱，银行通常不愿意将资金借给此类企业，导致中小企业融资贵和融资难问题非常显著。在劳动市场，国有企业的平均工资普遍高于创业企业，加大了社会中的整体创业成本，在高报酬的吸引下，具有创业能力的劳动力不断向国有企业和垄断行业转移，创业企业用工贵、招工难问题依然突出。在土地市场中，政府是土地一级市场的垄断者和唯一的供应商，受到地方财政和政绩考核机制的影响，政府在出售土地和制定工业用地价格时同样存在不同程度的偏好，导致创业企业在获取土地要素时同样存在成本高、难度大等问题。

综上所述，现阶段我国要素市场中滞留的价格扭曲现象显然已经成为阻碍创业发展的显著因素，对我国大众创业战略的实施造成了巨大压力。那么，要素价格扭曲在我国是怎样产生的？要素价格扭曲对我国的创业水平具有怎样的影响？两者之间存在怎样的逻辑和因果关系？为了回答上述问题，笔者将在第三章系统分析要素价格扭曲在我国的形成背景与原因，并通过不同的测算方法，具体测算中国整体和不同地区资本、劳动和土地要素的价格扭曲程度，然后在第四章和第五章中通过采用理论和实证等多种研究方法，对两者之间的逻辑关系和影响机制进行深度探索。

第三章　中国要素价格扭曲的形成背景与扭曲程度测算

改革开放以来，中国一直坚持推进市场化改革，历经40多年的努力，产品市场机制日趋成熟。统计数据表明，改革初期，产品市场定价很大程度上由政府决定，到20世纪90年代，零售业90%以上为市场定价，农产品、工业品市场定价也超过80%；步入21世纪后，产品市场中90%以上的产品都实现了市场定价，而农产品与零售业甚至超过97%，由此反映出我国产品市场的市场化改革基本完成。而就要素市场的情况来看，虽然其市场化也在推进中，但发展迟缓，要素市场的市场化程度较低（王小鲁、樊纲，2011），远滞后于产品市场的市场化进程（程炼、张曙光，2010；张杰等，2011）。此外，国内不同地区要素市场的市场化进程也存在较大差异（赵自芳，2006），整体表现为东高西低。

中国要素市场价格之所以存在严重扭曲的问题，有历史和制度方面的原因。中华人民共和国成立初期，为在短时间内积累各类资源以构建中国的工业体系，政府制定了“经济赶超战略”，推行低利率、低工资以及低汇率政策，并利用各项措施刻意降低能源、农产品、原材料等生活“刚需产品”的价格，以确保建设资金的需求得到满足。事实证明，虽然经济赶超战略是基于当时的现实背景做出的选择，在短期内能够推动国家经济高速发展，但是，当经济体制发展到一定程度，国家政治、经济环境出现较大变化时，该战略的负面效应就会逐渐凸显，要素价格扭曲逐渐成为束缚经济进一步发展的主要因素，并导致资源配置效率降低。基于此，茅于轼（2007）提出，在中国宏观经济中，所有问题的根源在于要素价格扭曲。

要探究要素价格扭曲对中国区域创业水平带来的正负效应，前提条件是了解要素市场的发育情况，进而分析其市场化滞后造成的影响程度。本章将系统阐明中国要素价格扭曲问题产生的制度背景，并根据资本、土地以及劳动三大要素价格扭曲情况与成因进行简单测算，以期为后续研究打好基础。

第一节 要素价格扭曲形成的制度背景

中华人民共和国成立初期，鉴于当时特殊的历史环境，我国提出了优先发展重工业的经济战略。根据李周、林毅夫和蔡昉（2002）的看法，要实现优先发展重工业的战略目标，就必须利用市场的调节力量对资源进行合理配置，而当时面临的主要问题就是要素较为稀缺，而战略目标又较为宏观，具体来讲，就是当时中国经济体制与经济状况和重工业产业的特征是不相匹配的。在此背景下，为顺利实现优先发展重工业的战略目标，国家实施了一系列政策，对经济资源进行了计划配置和统一管理，推行了工商业国有化、农业集体化的经济模式，同时减少重工业发展的投入成本，促进重工业优先发展。在此情况下，市场失去了资源的配置功能，我国特有的体制性扭曲开始形成。其中，资本、劳动和土地要素价格扭曲在我国的形成背景具体如下：

一、资本要素价格扭曲形成的制度背景

进行金融管理体制，实施低利率政策。投资规模大、资本密度高、建设周期长是重工业产业的特点，为实现重工业高速发展，充足的资金投入是必要基础。资金的价格是利率，利率高时，成本相对就高；反之亦然。基于重工业产业的特点，若资本要素价格根据市场供求结构调整，则必然会支出较高的利率，由此就会使重工业发展迟缓且投入成本较高。要促进重工业高速发展，降低建设成本是必要条件，资本要素是重工业建设成本的重要组成部分，因此，降低资本价格就成为推进重工业高速发展的首要条件。

为维护金融稳定，避免资金流入非官方金融体系，中央政府实施了金融垄断政策。1949～1952 年，我国基本实现了金融体系和银行业的国有化；1953 年，我国在人民银行下属的各级银行中成立了信贷计划管理部门，负责编制与推行信贷计划，而存贷款利率由人民银行统一制定，以人民银行为中心、高度集中的金融格局开始形成，银行也成为当时企业融资仅有的途径。在此金融制度下，政府可以有效控制利率，将资源配置到想要重点发展的产业中，以此实现产业发展的低成本投入。

二、劳动要素价格扭曲形成的制度背景

统一工资制度，实施低工资政策。从20世纪50年代开始，我国开始推行统一工资制度，各级工资定级办法以及增幅必须遵循中央制定的标准，地方与企业不得私自变动。单一企业工资论，先后经历了工资分制度、货币工资制（其中，企业职员仍然实行职务工资制，工人仍然实行八级工资制）几个模式；1985年以后，企业与国家机关、事业单位的工资改革和工资调整脱钩，国家才开始逐步放松对企业工资的管理。但机关、事业单位的工资一直实行按职务、级别划分工资等级的等级制度，从职务等级工资制到结构工资制，再到职务级别工资制，国家一直实行严格的管理。

目前，劳动要素价格，特别是企业工人的工资已经主要由市场决定了。但是，由于要素市场尚未完成市场化改革，劳动要素价格扭曲仍然存在。一些阻碍劳动力要素市场化的制度安排仍然根植在经济体系内部，这在很大程度上制约了劳动要素市场中价格引导资源配置的有效性。

三、土地要素价格扭曲形成的制度背景

土地国有化制度，土地无偿划拨。中华人民共和国成立后，国家通过没收、接管或者赎买土地后，仅有一少部分土地归个人和集体所有，城市土地大部分都属于国家。1982年，《中华人民共和国宪法》第10条规定："城市土地归国家所有。"这其实就是从法律层面上规定：城市非国有性质土地均变为国有。通过一系列手段，我国城市中不同所有制的土地最终都转变为国有土地。

中华人民共和国成立初期，我国曾推行过土地有偿使用制度。然而在1954年国家对这一制度进行了调整，1954年2月24日，财政部提出："国营企业经市人民政府批准占用土地的，不管是拨给公产还是出资购买，都应当归为企业资本，无需再向政府缴纳使用费。"同年3月8日，内务部在《答复关于国营企业、公司合营企业及私营企业等征用土地及使用国有土地缴纳契税或租金的几个问题》中提出："行政单位、学校、公私合营企业、国营企业使用国有土地时，应由当地政府无偿拨给使用，不需再缴纳使用费。"至此，土地要素在不同类型企业之间的成本差异逐渐增大，土地要素的价格扭曲程度不断加深。

根据上述分析可得，中国要素价格扭曲的形成带有极为鲜明的路径依赖或者制度惯性特征。

第二节 要素价格扭曲形成的具体原因

基于上述制度背景，本节将分别探究资本要素、劳动要素和土地要素价格扭曲形成的具体原因。

一、资本要素价格扭曲形成的原因

从1996年利率市场化改革开始，中国金融机制也经历了多次变革，包括利率市场化改革，国有商业银行重组、上市等，均取得了较好成绩。然而，就我国资本市场现有情况来看，银行依然是最主要的金融机构。截至2014年9月，我国90%以上的金融资源均由商业银行配置，而其中大量份额又由大型商业银行占据（王国刚、林楠，2014）。在我国，大型商业银行基本都属于国有性质，政府很容易对资本市场进行行政干预，由此就导致政府对市场干预过多，阻碍了市场的正常发展，产生金融抑制，导致市场多项功能不能有效发挥。具体来讲，国内资本市场的要素价格扭曲主要由以下几个方面的原因造成：

1. 利率管制

1996年，中央银行放开了银行间同业拆借市场利率，由此拉开了中国利率市场化改革的序幕，到2013年7月，金融机构贷款利率管制全面放开；2015年10月24日，商业银行存款利率浮动上限被放开；2015年10月24日，商业银行存贷款利率浮动上限被放开，标志着我国利率市场化改革基本完成，利率形成机制出现了较大变化。

然而，在很长一段时间里，商业银行存贷款利率均是在央行管制下，虽然后期逐步放开，商业银行在遵从中国人民银行设定利率的基础上可自行在一定幅度内进行上下浮动，但银行依然控制着贷款利率浮动下限与存款利率浮动上限，存贷款利率依然处于较低水平。根据国家统计局公布的数据显示，1980~1995年，我国年平均贷款利率甚至出现负值，1993~1995年连续三年都低至-4.62%、-12.04%和-5.04%。随后利率水平尽管有所上升，不再出现负值情况，但整体而言利率水平依然处于较低状态，2000~2014年，年平均贷款利率仅为3.54%，2008年，该数值趋近于0。

依据国际经验，当 GDP 年增长率为 10%时，实际贷款利率应当保持在7%左右，而就我国实际贷款利率来看，仅达到国际标准的一半。与贷款利率相比，存款利率更低，2000 年后，我国平均真实存款利率仅为 0.25%，且在 2003 年后经常出现负利率。改革开放后很长一段时间，我国 GDP 一直保持9%的年增长速度，依据增长理论，经济快速发展态势下，对资本的需求必然会大幅增加，均衡利率也会持续提高。但是，当时我国的利率水平一直处于较低的状态，而导致这一问题的根本原因就是中国人民银行对利率的把控，导致资本价格扭曲。

2. 政府偏好

资本市场中，由于政府行政干预较多，尽管大型商业银行实力雄厚，但一直都没有成为真正的市场主体。基于商业银行的国有性质，贷款决策必须考虑政府意愿，表现出浓厚的政府偏好，而当地政府为提高财政收入与 GDP 水平，会为扶持某些企业或项目而向银行争取贷款，并主导贷款使用。在政府的支持与主导下，国企、政府项目、传统产业更易获取贷款，而对于创业中的小微企业、高新技术产业则很难获得银行信贷支持。就近三年的情况来看，地产行业得到了政府的大力支持，获得大量资金支持，成为多个地区的支柱型产业，而这种情况的出现与一些地方政府为提升当地财政和 GDP 水平而对银行信贷进行干预密切相关。对于多数银行而言，将贷款投放到政府支持的领域也是较好的选择，一方面资金安全性有所保障，另一方面也能获得一定利润。无论是贷款提供方还是需求方，都会把政府偏好纳入决策考核的内在激励。从本质上讲，信贷资源并未依靠市场的自由调节功能和资源配置功能进行配置，因而造成了资本要素价格扭曲。

二、劳动要素价格扭曲形成的原因

中华人民共和国成立之初，劳动力市场就一直处于政府管制下，国家根据单位性质制定收入分配制度并进行统一管理。在工资分配政策方面，我国先后实施了工资分制度、货币工资制，1985 年后，国家机关、事业单位的工资制度依然受国家管制，但国家放松了对企业薪酬的管理。在机关和事业单位方面，国家一直实行等级制度，根据不同人员的职务和级别确定工资标准。根据我国当时的历史环境，此部分制度是极为合理的，为实现劳动力市场分配规范化发挥了积极作用，然而也导致了劳动力市场价格扭曲。

在现今市场中，劳动要素价格基本是由市场决定的，然而，因为经济转型尚未达成，劳动力市场价格扭曲问题一直存在，部分束缚劳动要素市场化的机制依然存在于经济体内部，未得到有效变革，这些都弱化了市场价格引导资源配置的功能。我国劳动力市场价格扭曲问题体现在多个层面，而导致该问题的原因也是多方面的，不但有历史沿袭与制度因素，而且还与法律体系不完善有关。具体而言，造成中国劳动要素价格扭曲的主要原因主要包括严苛的户籍制度和我国的二元经济结构两个方面。

1. 户籍制度

户籍制度是我国沿用最久、影响最大的制度。改革开放后，尤其是 20 世纪 90 年代后，我国改革力度进一步加大，人口流动的约束性逐步降低，大量农村劳动力开始向城市转移，由农业进入工业和服务业。根据国家 2017 年《中国流动人口发展报告》显示，截至 2017 年底，我国流动人口达到 2.45 亿人。尽管人口流动量不断加大，但由于户籍制度形成的市场分割、福利不等、就业歧视等问题依然存在。

户籍制度将劳动力分为农村与城镇两种类型的劳动力，由此就产生了严重的市场分割问题，不但束缚了劳动力在市场中的自由流动，同时也导致市场对农村劳动力产生就业歧视。相对来说，具备城镇户口的劳动力更易获得工作，创业机会更大，因此其收入也会更高。Sicular 等（2007）研究发现，国内城乡收入差距高达 77%，而这很大一部分原因就是户籍制度。李实和万远海（2013）通过总结一系列数据得出结论：户籍制度的存在降低了农村居民 3.5%的收入。近年来，随着改革政策的推进，户籍制度对人口流动造成的阻碍逐步缩小，然而，就业歧视在市场中依然存在，同工不同酬的情况大量存在，农村劳动力在市场得到工作岗位的难度相比城市劳动力更大。另外，我国户籍制度本身就被赋予了社会分配功能，主要体现在附着于户籍制度上的各项福利上，包括住房、就业、教育等。近年来，随着劳动力市场与住房市场化改革的不断推进，住房基本不再受到户籍制度影响，但不同户籍在医疗、教育、公共福利等方面的差别依然较大，差别不但体现在城镇与农村户籍之间，还体现在本市与非本市户籍之间，以北京为例，若拥有北京户籍，医疗、养老金发放、教育等与其他地区相比都有更高的标准与更好的待遇。

2. 二元经济结构

二元经济理论提出，在发展中国家，当传统农业与现代工业两个部门同时存在时，农业部门生产效率较低，因此，农业部门劳动力工资只能维持生存水平，而工业部门生产效率相对较高，工人工资更高，在此情况下，农业部门劳动力会逐步朝着工业部门转移，随着农业部门劳动力的不断转移，在劳动力不足的情况下，只能提升生产率，此时农业部门劳动力的工资也会逐步提升，并不断缩小与工业部门劳动力工资间的差异，直到两个部门的工资水平基本相等时，劳动力转移情况才会停止。

发展中国家普遍会存在二元经济结构。在我国市场化改革进程中，因为国家推行优先发展重工业的战略，大量社会资源投入工业部门，使其劳动生产率大幅提升，工人收入水平提升。在整个过程中，体现出一种自我强化机制，导致二元经济结构固化。根据二元经济理论的内容，在刘易斯拐点尚未到来之前，城镇居民与农村居民之间的收入差距只会继续扩大，不会缩小，由此可见，二元经济结构是导致诸多经济问题的根本原因。

三、土地要素价格扭曲形成的原因

西方发达国家的市场经济体系相对成熟，土地和资本要素之间具备良好的替代性，工业用地作为一种资产，在资本化进程中被纳入资本中，即资本涵盖土地在内的全部资产性投资（Solow，1956；Biddle，2012），由于西方国家土地市场价格扭曲较少，因此西方学者的研究很少涉及土地市场价格扭曲。然而对于中国而言，多种经济领域中依然存在政府不同程度的干预。在土地市场，由于政府掌握土地分配权，对土地要素的掌控和管理能力较强，因此，目前我国土地市场的价格扭曲现象最为明显。

1. 征地补偿机制

在中华人民共和国成立初期我国就制定了征地补偿制度，1987 年我国出台了《土地管理法》，自此之后，土地开始走上法治化道路，《土地管理法》历经 1988 年、1998 年以及 2004 年的三次修订，具有我国特色的征地补偿体系基本形成。但是，我国目前推行的土地征用机制本质上还是计划经济下的产物，虽然经济体制经过变革，但土地征用体系并未发生改变，所推行的依然是土地资源在农业与非农业间的配置机制（曲福田等，2005）。行政力量过度介入是我国土地市场的一大特征。在整体体系中，政府一直处于主导地位，导致土地市场价格扭曲，价格表达机制缺失（邹富良等，2012）。政府在土地一级市场中以较低的价格征收土地，从征地补偿价格方面来讲，大量国内学者都认为补偿价格背离了市场经济的公平原则，土地要素价格被扭曲。政府对土地开放后，再经过“招、拍、挂”等措施，便可在二级市场中获得高额收益，在两个市场间获取的高额收益强化了政府干预市场的意愿，使得土地要素价格扭曲程度进一步提高。因此，我国土地要素价格扭曲在很大程度上会受到制度的影响。

2. 官员考核体制

在中国的行政机制中，对官员政绩的考核特点是通过辖区经济发展情况来衡量官员政绩（Bo，2002；Li et al.，2005）。此机制，促使政府官员“为增长而竞争”（Blanchard and Shleif，2000；Li and Zhou，2005；张军，2005；周黎安，2004，2007）。投资带动经济增长既是我国常用的经济增长策略，也是各地官员乐于运用的方式，并且在长久的改革进程中，投资拉动也被证实是能够快速推进当地 GDP 发展的有效措施。因此，地方官员上台后都会大力招商引资，促进当地经济增长，以提升自身政绩，实现升职（周黎安，2007）。为吸引资本前往当地发展，政府通常会以低廉的价格出让或租售土地，导致土地价格在不同地区差距较大，部分（中部、西部）地区甚至出现了“工业用地零地价”的发展状况。

3. 土地财政

1994 年开始，我国推行分税制改革，依据税种划分税权分级管理。在推行这一改革政策后，地方政府财政支出依然是沿用以往的责任划分机制，只是向上集中了财政收入。地方政府由于面临着巨额财政缺口的难题，因此，普遍具有强烈的提升财源的意愿，使政府开始实施扩展性财政政策（方红生、张军，2009）。土地出让获取的收益基本都归地方财政，仅有极少比例需要上缴给中央，地方政府能够从土地出让活动中获取收益，因此，热衷于推行各项制度以从土地中获得预算外财政收入（李永乐、吴群，2010）。国内众多学者的研究成果也符合“土地财政”的观点（周飞舟，2010；曹广忠等，2007；陶然等，2009；满燕云，2010；卢洪友等，2011；孙秀林、周飞舟，2013）。

为实现预算外财政收入最大化，地方政府会对土地用地的实际价格与基准价格实施差别化策略，以期得到高额土地费用来进一步提高财政收入（李学文、卢新海，2012）。政府每年供应的土地多数来自农用地，而土地供应数量是有一定上限的，由此就对当期土地出让面积产生束缚，而该束缚因素就成为政府制造土地价格扭曲的基础条件。在土地供应总量一定的条件下，工业用地供应必定会挤压商业与住宅用地。地方政府都热衷于扩充工业用地面积，由此就能够控制商业用地供应量，从而人为地在市场造成商用和住宅用地短缺，随后再利用“招、拍、挂”等手段提高商用土地价格，从中获取更多的土地出让费用。在此机制下，国内各地区普遍存在“廉价工业化，高价城市化”的情形。①

综上所述，我国资本、劳动和土地要素的价格扭曲形成原因如图 3-1 所示。

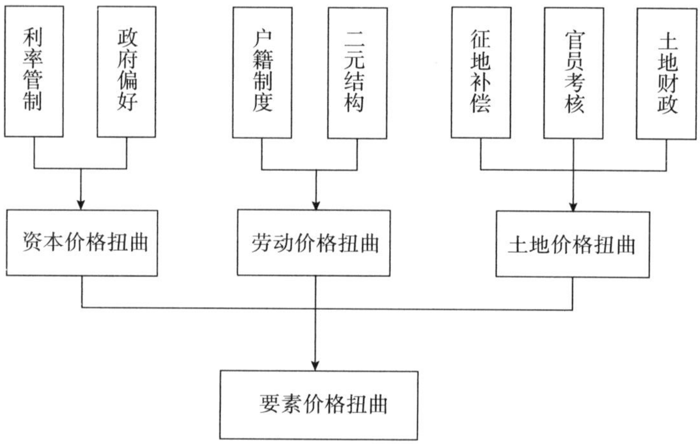

图 3-1　中国要素价格扭曲的形成原因

第三节　要素价格扭曲程度的测算

从实证角度研究要素价格扭曲对区域创业水平的影响，面临的首要问题就是采取何种方式实现对扭曲程度的准确量化。关于要素价格扭曲程度的测算，现阶段的方式并不是直接测试，而是首先假设多个区域存在要素价格扭曲的问题，随后通过内生化演绎生产函数、利润函数以及成本函数等方式，

① 左翔，殷醒民. 土地一级市场垄断与地方公共品供给［J］. 经济学（季刊），2013（2）：693-718.

从侧面推算出扭曲程度，判断扭曲带来的损失（王宁，2016）。在本书的研究中，首先要界定要素价格扭曲的内涵，进而测算不同要素的边际产出，并将得出的数值和要素真实价格进行比较，即可得到要素价格扭曲程度。

关于要素价格扭曲程度的测算方法，在前文中已有详细论述，目前常用方法包括生产函数法、“影子价格”法、前沿分析法等，每种方法实用性不同，同时也都有各自的局限性。王宁（2016）对各类测算方法进行了归纳，指出要素价格扭曲程度最早使用的测算方法是生产函数法，该方法也是目前的常用方法之一，运用的生产函数包括 C-D 生产函数、时变弹性生产函数以及超越对数生产函数。生产函数法具有形式简单、测算便利、含义清晰的优点，能够对各类要素价格扭曲程度进行测算，但最终结果的准确性则很大程度上取决于选择的生产函数形式。

随机前沿分析法是利用生产函数推算生产可能性边界，根据能否得知生产函数的形式，可将该方法分为参数化随机前沿分析（SFA）与非参数化数据包络分析（DEA）。在使用 SFA 与 DEA 两种方法测算要素价格扭曲程度时，通常会得出不同结论，有时结论还相差较大。

“影子价格”法是在市场完全竞争的状态下将均衡价格或要素基准价格设为“影子价格”，进而测算与实际价格的偏离程度，从而得到要素价格扭曲程度。此外，还有学者会使用可计算的一般均衡方法（CGE）测算要素市场扭曲。除采取合适的测算方法外，还需考虑涉及的数据是否易获取以及中国国情的特殊性。

一、测算方法的选择

通过分析各类测算方法可知，应用最为广泛的方法为生产函数法，该方法的测算流程为：首先估算出包含所有投入要素组合的生产要素，其次计算不同要素边际产出，最后将计算结果和相应要素价格对比即可获得要素价格绝对扭曲程度与要素间的相对扭曲程度。

在生产函数法中，柯布—道格拉斯（C-D）生产函数较为常用，该函数的优点在于应用简单、对数据要求低，同时支持计算不同要素价格的扭曲程度和要素之间的相对价格扭曲程度。但不可否认的是，由于柯布—道格拉斯（C-D）生产函数通常设定单位要素的替代弹性均为 1 的强假设，所以估计出的结果会受到函数形式选择上的严重影响，即如果函数形式的选择不同，那么即使采用同样的样本数据，也会得到具有较大差异的估计结果。

相比 C-D 生产函数，超越对数生产函数是投入、产出的对数二次形式，对于所有生产前沿来讲，都是一个局部二阶近似，在实际的生产过程中更具有一般性，且这种函数形式容许更多的替代和转换模式，即使生产函数中存在相互影响的投入要素变量，也不会对估计结果造成严重的偏误，所得到的估计结果更加准确（Christensen and Greene，1976）。超越对数生产函数凭借其自身的灵活性逐渐取代了 C-D 生产函数，在要素价格扭曲程度的度量中得到了广泛的应用。因此，笔者最终选择使用超越对数生产函数来测算中国要素价格的扭曲程度。

值得强调的是，由于生产要素共包括资本要素、劳动要素和土地要素，而由于数据的缺失和统计口径的不同，在这三种生产要素之中，劳动要素和资本要素价格扭曲程度的测量方法（超越对数生产函数法）与土地要素价格扭曲程度的测量方法（“影子价格”法）是不相同的，因此，需要结合具体情况，运用不同方法对三种生产要素的价格扭曲程度进行测算。

1. 资本和劳动要素价格扭曲程度的测算方法

在测算劳动、资本要素市场扭曲程度时，运用的方法主要是超越对数生产函数，具体可表述为：

$$LnY_{it}=\alpha+\beta_1 LnK_{it}+\beta_2 LnL_{it}+\beta_3\frac{1}{2}Ln^2K_{it}+\beta_4\frac{1}{2}Ln^2L_{it}+\beta_5 LnK_{it}LnL_{it}+\varepsilon_{it} \tag{3-1}$$

式（3-1）中，Y_{it}表示城市 i 在 t 时期的总产出（GDP）水平，K_{it}为城市 i 在 t 时期的固定资本投资总额，L_{it}为城市 i 在 t 时期的劳动力投入数量，下标 i、t 分别表示城市和时间，ε_{it}为随机误差项。以上数据均来自《中国城市统计年鉴》，本书已将历年的 Y_{it}、K_{it} 按照工业生产者出厂价格指数（2000 年=100）和固定资产投资价格指数（2000 年=100）进行调整。

在估计了资本和劳动要素的产出系数之后，城市 i 在 t 时期的资本和劳动要素的边际产出可分别表示为：

$$MP_{K,it}=(\beta_1+\beta_3 LnK_{it}+\beta_5 LnL_{it})\ Y_{it}/K_{it} \tag{3-2}$$

$$MP_{L,it}=(\beta_2+\beta_4 LnL_{it}+\beta_5 LnK_{it})\ Y_{it}/L_{it} \tag{3-3}$$

将式（3-1）中的估计结果分别代入式（3-2）和式（3-3）中，可得 2000 年至 2014 年我国城市资本要素和劳动要素的边际产出。最后，将资本要素和劳动要素的边际产出除以各自的实际价格，即可得到资本和劳动要素的价格扭曲程度：

$$distK_{it}=\frac{MP_{K,it}}{r_t} \tag{3-4}$$

$$distL_{it}=\frac{MP_{L,it}}{w_{it}} \tag{3-5}$$

式（3-4）和式（3-5）中，$distK_{it}$和$distL_{it}$分别表示城市 i 在 t 时期的资本要素和劳动要素的绝对价格扭曲程度，若数值大于 1，则为负向扭曲，等于 1 表明未形成扭曲，小于 1 表示正向扭曲；r_t 和 w_{it}分别表示资本要素和劳动要素的相应价格（不同城市的资本要素价格在同一时期相同）。

其中，资本要素价格并无直接数据，在本书的研究中，资本价格 r_t 采用的是每年度 6 个月到 1 年期企业贷款基准利率平均值为衡量标准，数据来源于历年中国人民银行和商业银行网站；劳动要素价格 w_{it}为不同城市的平均工资额，并根据 2000 年居民消费价格指数进行调整。

2. 土地要素价格扭曲程度的测算方法

与资本要素和劳动要素不同，由于无法从现有城市数据中得到各地区（城市）用于生产的土地要素数量。基于此，若使用超越对数生产函数，就不能计算出土地要素边际产出，由此需要改变测算方法，使用影子价格法测算土地要素价格扭曲程度。在实际测算过程中，若要得到中国各地区土地要素的价格扭曲程度，关键在于如何选取能够合理衡量土地要素边际产出的影子价格（黄健柏等，2015）。

在以往的研究中，多数学者采用 2007 年实施的《全国工业用地出让最低价标准》（以下简称“标准”）作为衡量各地区土地边际产出的影子价格。赵松（2007）指出，该标准不仅对现行环境下土地要素价格具有很好的体现，而且可以作为判断是否存在低价出让土地的评判依据；刘卫东和段洲鸿（2008）通过 SPSS 分析方法发现，该标准规定的最低工业用地出让价格与 2004 年中国具有代表性的城市工业总产值、建成区面积的相关系数分别为 0.945 和 0.871，因此可以较好地反映不同地区土地要素的边际产出。鉴于此，本书选用与该标准相符的工业用地出让最低价格作为衡量土地要素边际产出的“影子价格”，以测算土地价格扭曲程度。具体测算方法可表示为：

$$diste_{it}=\frac{MP_{E,it}}{e_{it}} \tag{3-6}$$

式（3-6）中，$diste_{it}$表示地区（城市）i 在 t 时期的土地要素价格扭曲程度；$MP_{E,it}$表示地区 i 在 t 时期土地要素的影子价格，用来衡量土地要素的边际产出；e_{it}表示地区 i 在 t 时期的实际土地要素价格，数据来源于中国地价监测网，并根据历年工业用地价格指数（2007 年=100）折算成可比价格。

但是经测算后统计发现，由于我国各地区工业用地出让最低价标准普遍低于工业用地出让的实际价格，导致全国大部分城市的土地价格基本都呈现为正向扭曲（$0<diste<1$），其中仅有常州、广州、海口、南宁和扬州五个城市表现为负向扭曲（$diste>1$），扭曲程度在数值上越接近 1 表示扭曲程度越小（反之则越大），这就造成了各地区土地要素价格扭曲的真实情况与测算结果在数值上变化方向相反。为了解决这一问题，需要在原有测算方法的基础上进行调整。调整后的土地要素价格扭曲程度测算方法如下：

$$distE_{it} = \left| diste_{it} - 1 \right| = \left| \frac{MP_{E,it}}{e_{it}} - 1 \right| \quad (3-7)$$

式（3-7）中，$distE_{it}$为调整后的土地要素价格扭曲程度，$distE_{it}$数值越大说明土地要素价格扭曲程度越明显；$MP_{E,it}$、e_{it}表示的含义不变。

二、数据描述

根据上述测算方法，本节将报告出要素价格扭曲程度测算函数中各变量的定义、数据来源以及描述性统计，如表 3-1 和表 3-2 所示。

表 3-1　要素价格扭曲程度测算函数中变量定义及数据来源

变量名称	变量定义	数据来源
Y	城市生产总值	《中国城市统计年鉴》
K	城市固定资本投资总额	《中国城市统计年鉴》
L	城市劳动要素投入数量	《中国城市统计年鉴》
r	资本要素价格	中国人民银行及商业银行网站
w	劳动要素价格	《中国城市统计年鉴》
MP_E	工业用地出让最低价格	《全国工业用地出让最低价标准》
e	实际工业用地价格	中国地价信息服务平台，http：//www. landvalue. com. cn/

表 3-2　要素价格扭曲程度测算函数中变量描述性统计

变量名称	单位	最小值	最大值	平均值	标准差	样本数
Y	万元	75765.36	63511508	3.00E+06	6.20E+06	4176
K	万元	17480	95409897	3.20E+06	6.30E+06	4176
L	万人	1.52	727.4	27.7599	52.7036	4176
r	元	0.0485	0.0693	0.058	0.005	4176
w	元/人	1865.83	414701.69	23181.8	13331.4	4176
MP_E	元/平方米	252	840	426.857	—	784
e	元/平方米	280.93	2970	613.069	388.672	784

注：①表中“—”表示该项数据缺失。②表中城市生产总值（Y）为按照2000年工业生产者出厂价格指数进行调整后的统计结果；城市固定资本投资总额（K）为按照2000年固定资产投资价格指数进行调整后的统计结果；劳动要素价格（w）为按照2000年居民消费价格指数进行调整后的统计结果。③根据《全国工业用地出让最低价标准》可将全国不同城市（区县）的工业用地价格（MP_E）划分为15个等级，用地价格范围为60元/平方米（十五等）至840元/平方米（一等）。

如表3-1和表3-2中的数据所示，在测算资本和劳动要素价格扭曲程度时所采用的数据来源于2000~2015年的《中国城市统计年鉴》，数据中包含我国261个城市（不包括西藏自治区内城市）16年间的共计4176个数据样本，与创业水平ES1使用的城市面板数据相同。在这261个城市中，根据城市所处的地理位置，同样可将其具体划分为101个东部城市、99个中部城市和61个西部城市。这些城市数据组成了一个较为全面的中、微观平衡面板数据集，为研究提供了可靠的数据支持。

另外，值得强调的是，由于中国地价监测网只公布了我国49个城市（不包括西藏自治区内城市）的土地价格信息，在这49个城市中，共包含29个东部城市、9个中部城市和11个西部城市。因此，本章在测算土地价格扭曲程度时，数据样本为2000~2015年中国49个城市16年间的784个样本。

三、测算结果与分析

1. 资本与劳动要素价格扭曲程度测算结果与分析

根据式（3-1）中的超越对数生产函数和城市面板数据，采用式（3-2）、式（3-3）可估计出我国整体及不同地区要素市场中各生产要素的边际产出，随后依据式（3-4）与式（3-5）可对我国城市资本与劳动要素价格扭曲程度进行测算。

测算前，为了检验超越对数生产函数的合理性，本书对式（3-1）中的各参数进行了可靠性检验，检验结果如表 3-3 所示。

表 3-3　超越对数生产函数参数估计结果

变量名称	参数	系数	标准差	Z 统计值
lnK	β_1	-0.4825***	0.0791	-6.10
cnL	β_2	1.0614***	0.1305	8.13
$1/2\ln^2K$	β_3	0.0564***	0.0057	9.94
$1/2\ln^2L$	β_4	0.0267***	0.0041	6.51
lnK×lnL	β_5	-0.0472***	0.0066	-7.11
Con	α	17.8381***	0.9243	19.30
Log Likelihood	759.18			
LR Chi2（01）	5104.62			
Prob>Chi2	0.0000			
N	4154			

注：*** 表示在 1%的统计水平上显著。

从表 3-3 中汇报出的各参数估计结果可以看出，从总体上来看，函数中各参数的估计结果都非常显著，全部通过了 1%的显著性检验。本书进一步对二次项系数进行联合显著性检验，即检验 $\beta_3=\beta_4=\beta_5=0$，F 统计量对应的 P 值为 0，拒绝二次项系数为 0 的零假设，根据最大似然检验结果可以看出，函数中的最大似然对数估计值为 759.18，表明选用超越对数生产函数而不是 C-D 生产函数测算资本和劳动要素的边际产出是十分合理的。下面，本节将采用超越对数生产函数，对我国资本和劳动要素的价格扭曲程度进行测算，并对测算结果进行分析。

首先，对资本要素价格扭曲程度的测算结果进行分析。根据以上各参数的估计结果，可分别测算出 2000~2015 年中国 261 个城市的资本要素价格扭曲程度及其变化趋势，如表 3-4 和图 3-2 所示。囿于篇幅限制，表 3-4 仅汇报了 2003~2015 年 35 个城市的资本要素价格扭曲程度。

表 3-4　2003~2015 年中国资本要素价格扭曲程度测算结果

地区		年份													
		2003	2004	2005	2006	2007	2008	2009	2010	2011	2012	2013	2014	2015	平均
东部地区	北京	6. 79	6. 18	8. 35	6. 95	5. 61	6. 73	6. 95	6. 30	5. 89	5. 72	5. 53	5. 69	6. 12	6. 89
	天津	8. 55	8. 04	8. 36	7. 46	5. 26	5. 29	4. 97	4. 28	3. 98	3. 99	3. 60	5. 97	3. 39	6. 54
	沈阳	10. 51	7. 34	5. 60	4. 76	3. 74	3. 84	3. 87	3. 46	3. 20	2. 89	2. 69	2. 65	3. 41	6. 34
	大连	11. 45	9. 47	6. 91	5. 38	4. 34	4. 28	4. 31	3. 70	3. 19	2. 95	2. 71	1. 90	2. 89	7. 21
	上海	11. 08	9. 95	9. 62	8. 76	7. 17	7. 89	8. 64	8. 57	8. 05	7. 71	7. 28	7. 54	8. 02	9. 06
	南京	7. 03	6. 45	6. 60	5. 66	4. 69	5. 00	5. 06	4. 33	3. 86	3. 99	3. 48	3. 73	4. 29	6. 13
	无锡	9. 04	8. 13	7. 85	6. 85	5. 46	5. 70	5. 73	4. 45	4. 36	4. 21	3. 76	3. 30	3. 51	7. 93
	苏州	8. 00	8. 70	8. 08	7. 12	5. 90	6. 84	7. 59	6. 61	5. 61	5. 50	4. 57	4. 60	5. 12	8. 22
	杭州	9. 06	8. 62	8. 08	7. 36	5. 95	6. 14	6. 27	5. 37	4. 83	4. 27	3. 95	3. 92	4. 17	7. 04
	宁波	8. 79	7. 49	6. 31	5. 23	4. 60	5. 17	5. 54	5. 57	5. 33	5. 07	4. 72	4. 49	4. 46	6. 67
	温州	8. 47	8. 14	7. 99	6. 41	5. 41	6. 36	7. 00	7. 42	4. 69	4. 19	3. 75	3. 58	3. 60	6. 82
	福州	8. 69	7. 96	6. 44	5. 18	3. 87	3. 91	4. 08	3. 15	3. 44	3. 33	2. 98	2. 98	3. 08	6. 59
	厦门	11. 09	9. 66	7. 92	5. 09	3. 57	4. 20	5. 35	4. 79	4. 54	4. 20	4. 33	4. 13	3. 96	6. 90
	济南	15. 09	9. 67	8. 29	6. 87	5. 46	5. 40	5. 81	5. 17	5. 00	4. 82	4. 63	4. 44	4. 60	7. 83
	青岛	10. 03	8. 89	8. 05	7. 24	6. 74	7. 24	7. 24	6. 17	5. 37	4. 72	4. 14	4. 00	4. 23	7. 63

续表

地区		年份													
		2003	2004	2005	2006	2007	2008	2009	2010	2011	2012	2013	2014	2015	平均
东部地区	广州	11.83	11.39	11.70	10.56	8.80	9.67	9.55	8.25	7.86	7.69	7.32	7.83	7.53	9.97
	深圳	12.99	11.93	14.27	12.94	11.20	12.50	12.49	11.17	10.65	10.67	10.24	10.21	10.19	11.87
	平均	8.60	7.61	7.04	6.13	4.93	5.29	5.42	4.61	4.28	3.94	3.48	3.54	3.62	6.36
中部地区	太原	7.85	6.49	6.42	5.62	4.55	4.78	5.27	4.69	4.26	3.68	3.01	3.02	3.12	5.54
	长春	10.40	9.71	6.71	4.71	4.22	4.03	3.77	3.03	3.91	3.02	2.92	2.86	2.92	5.99
	哈尔滨	7.63	7.70	6.90	5.73	4.65	4.75	4.33	3.31	2.92	2.28	1.95	2.53	2.80	5.19
	合肥	6.66	5.53	5.84	3.93	2.64	2.51	2.74	2.37	2.48	2.42	2.19	2.25	2.46	4.80
	南昌	9.09	7.37	5.38	4.56	3.66	3.88	3.56	2.96	2.97	2.80	2.43	2.29	2.40	6.35
	郑州	6.38	5.98	5.69	5.29	4.05	4.63	4.49	3.71	3.40	3.34	2.83	2.66	2.64	5.27
	武汉	9.66	8.48	7.24	5.69	4.55	4.70	4.31	4.01	3.83	4.00	3.74	3.64	3.90	6.83
	长沙	7.01	6.07	5.74	4.7	3.59	4.36	4.59	3.68	3.58	3.74	3.79	3.71	3.69	5.51
	平均	8.18	7.36	6.69	5.31	4.14	4.31	4.21	3.52	3.54	3.49	2.78	2.59	2.70	5.69
西部地区	南宁	7.89	6.48	5.69	4.97	3.97	4.36	3.98	3.21	2.67	2.38	2.59	2.45	2.56	5.23
	重庆	6.04	5.09	5.01	4.19	3.18	3.41	3.96	3.44	3.61	3.18	2.86	2.69	2.72	5.22
	成都	7.62	7.57	5.70	4.73	3.16	3.67	4.06	3.99	3.80	3.73	3.64	11.92	4.43	6.28

续表

地区		年份													
		2003	2004	2005	2006	2007	2008	2009	2010	2011	2012	2013	2014	2015	平均
西部地区	贵阳	5.56	5.05	4.65	3.87	3.06	3.27	3.21	2.65	2.05	2.20	1.59	2.66	2.67	3.93
	昆明	11.20	9.89	7.55	6.86	4.72	4.14	4.08	3.17	2.97	3.01	2.80	2.92	3.26	6.49
	西安	7.24	6.08	5.34	4.08	2.86	3.06	3.17	2.65	2.61	2.34	2.05	2.06	2.66	4.87
	兰州	7.08	6.86	6.47	5.62	4.18	4.42	5.94	3.67	2.80	3.22	3.45	4.39	3.51	5.19
	西宁	5.69	5.49	6.48	5.35	4.22	3.36	3.92	3.42	3.16	2.83	2.34	2.12	2.35	4.06
	银川	3.73	3.68	5.43	4.80	4.20	5.18	6.46	4.50	4.02	3.78	3.36	2.85	2.97	4.47
	乌市	7.71	8.43	8.22	7.59	5.96	6.58	6.74	6.12	7.18	4.07	3.49	3.38	3.51	6.39
	平均	7.76	6.95	6.52	5.61	4.42	4.65	4.62	3.88	3.67	3.40	2.89	3.18	2.97	5.59
全国	平均	8.25	7.36	6.79	5.70	4.51	4.77	4.77	4.03	3.86	3.64	3.08	3.09	3.12	5.88

注：①表中全国及各地区的平均资本要素价格扭曲程度为2000~2015年地区内所有城市的平均水平。②表中“乌市”表示新疆维吾尔自治区首府乌鲁木齐市，表3-5和表3-6与此相同。

资料来源：《中国城市统计年鉴》。

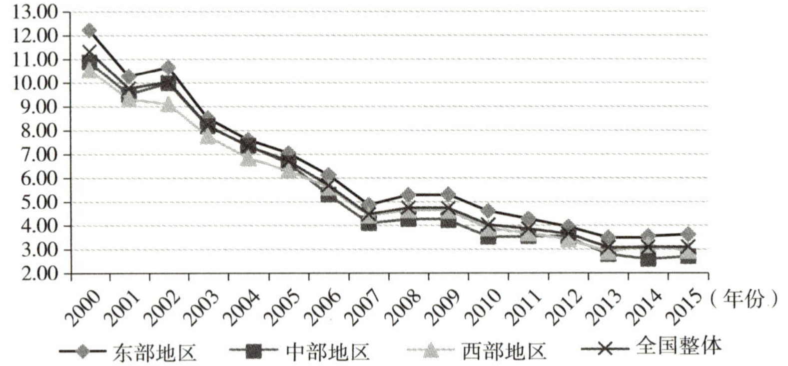

图 3-2　2000~2015 年中国资本要素价格扭曲程度走势

由表 3-4 与图 3-2 的数据可以看出，国内各大城市资本要素价格均呈现为负向扭曲（distK>1），且扭曲程度总体上呈现出不断下降的趋势：全国平均负向扭曲程度从 2000 年的 11.33 逐渐减少到了 2015 年的 3.12，下降幅度达到了 263.14%。这表明资本要素的价格 r 通常都会低于其边际产出，资本要素价格负向扭曲现象较为普遍。但是，随着我国要素市场化改革的深入，利率市场逐渐趋向平衡，以往通过降低利率促进投资的粗放型经济增长模式得到明显改善，资本要素的负向扭曲得到不断缓解，最终趋于 3.0 左右。

聚焦到具体地区，东部地区资本要素价格负向扭曲程度最为显著，2000~2015 年的平均扭曲程度为 6.36，远超于全国平均水平 5.88，其中地区内深圳、广州、上海、苏州、无锡分别为全国平均资本要素价格扭曲程度最高的五个城市。中部地区和西部地区的资本要素价格平均扭曲程度分别为 5.69 和 5.59，可见资本要素价格扭曲程度从东向西依次呈现出逐渐减弱的地理分布。东部地区是我国经济最为活跃、技术水平最高的地区，包含京津冀、长三角、珠三角等城市群在内的东部地区，由于地区内先进的生产技术和人才储备以及优越的地理位置，再加上政策上大量的开发区、保税区、高新产业园区等因素的存在，生产力水平远远高于中部和西部地区，所以即便在同样的利率水平下，东部地区资本要素的边际产出也要高于中部地区和西部地区，资本要素价格负向扭曲程度最为明显；而中部地区与西部地区技术水平差距不大，所以资本要素价格负向扭曲程度较为相似。

其次，对劳动要素价格扭曲程度的测算结果进行分析。采用与资本要素价格扭曲程度相同的测算方法，可测算出 2000~2015 年中国 261 个城市的劳动要素的价格扭曲程度和变化趋势，如图 3-3 和表 3-5 所示。囿于篇幅限制，表 3-5 仅汇报了我国整体及不同地区 35 个城市 2003~2015 年的劳动要素价格扭曲程度。

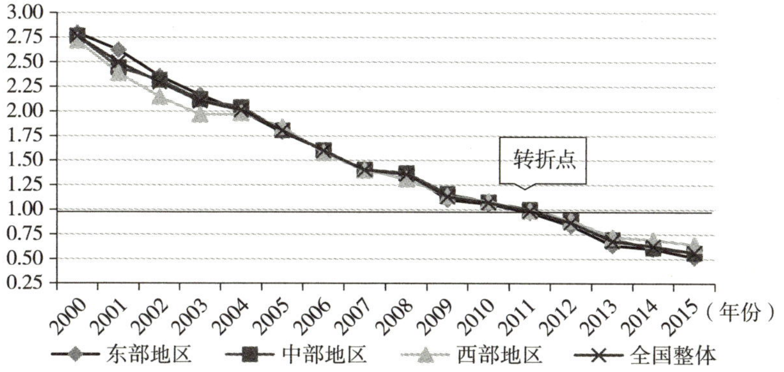

图 3-3　2000~2015 年中国劳动要素价格扭曲程度走势

从劳动要素的角度来看，全国范围内劳动要素的价格扭曲程度随着时间的推移呈现出先（负向）递减后（正向）递增的趋势，扭曲方向在 2011~2012 年发生了转变。劳动要素价格扭曲方向为负（distL>1）说明该地区劳动要素的边际产出大于其实际价格 w；反之（0<distL<1）则说明该地区劳动要素的边际产出小于其实际价格 w。测算结果表明，在 2011 年以前，我国劳动力价格（相对于边际产出）普遍较低，各地区通过压低劳动力成本，获得了产品的竞争优势和比较优势。但是，近年来随着我国经济水平和人民生活质量的提高，劳动要素价格持续上涨，以往长期依赖于劳动力成本优势的传统产业将面临严峻挑战。

分地区结果显示，劳动要素市场的价格扭曲同样呈现出东高西低的格局，但整体上差距不大。东部地区劳动要素价格扭曲程度最高，平均扭曲程度为 1.50，但扭曲程度下降速度最快，在 2000~2015 年下降幅度达到 403.85%，并且于 2011 年率先实现由负向扭曲向正向扭曲的转变，其中，地区内无锡市为全国平均劳动要素价格扭曲程度最高的城市。中部地区和西部地区紧随其后，平均扭曲程度分别为 1.49 和 1.48，并且于 2012 年和 2011 年实现了由负向扭曲向正向扭曲的转变。出现这种局面的原因主要是不同地区的劳动力成本构成存在差异：经统计发现，在 2000~2015 年东部地区的单位劳动力平均成本（25919.4 元/年）远高于中部地区（20445.2 元/年）和西部地区（23089.6 元/年），所以即便在生产技术领先的情况下，东部地区的劳动要素价格扭曲程度下降速度仍然最快。

表 3-5　2003~2015 年中国劳动要素价格扭曲程度测算结果

地区		年份													
		2003	2004	2005	2006	2007	2008	2009	2010	2011	2012	2013	2014	2015	平均
东部地区	北京	0. 61	0. 55	0. 69	0. 58	0. 51	0. 44	0. 39	0. 35	0. 31	0. 27	0. 24	0. 22	0. 20	0. 50
	天津	1. 34	1. 27	1. 31	1. 18	0. 96	0. 91	0. 80	0. 73	0. 62	0. 59	0. 48	0. 52	0. 42	0. 99
	沈阳	1. 96	1. 85	1. 49	1. 37	1. 26	1. 12	0. 91	0. 84	0. 77	0. 69	0. 57	0. 49	0. 48	1. 31
	大连	2. 02	1. 94	1. 60	1. 42	1. 34	1. 16	0. 97	0. 86	0. 72	0. 65	0. 56	0. 37	0. 37	1. 34
	上海	1. 40	1. 42	1. 17	1. 14	0. 92	0. 83	0. 70	0. 66	0. 50	0. 43	0. 33	0. 30	0. 27	0. 94
	南京	1. 40	1. 34	1. 31	1. 14	1. 09	1. 02	0. 82	0. 75	0. 68	0. 68	0. 44	0. 45	0. 40	1. 03
	无锡	2. 92	2. 79	2. 51	2. 22	1. 95	1. 70	1. 53	1. 25	1. 09	1. 04	0. 71	0. 58	0. 50	1. 96
	苏州	2. 31	2. 38	2. 06	1. 68	1. 47	1. 42	1. 34	1. 18	1. 06	1. 08	0. 56	0. 49	0. 46	1. 65
	杭州	1. 81	1. 69	1. 36	1. 14	0. 95	0. 82	0. 66	0. 57	0. 53	0. 42	0. 36	0. 34	0. 31	1. 09
	宁波	2. 02	1. 91	1. 42	1. 26	1. 13	1. 04	0. 88	0. 84	0. 72	0. 67	0. 61	0. 56	—	1. 33
	温州	1. 88	1. 80	1. 54	1. 32	1. 18	1. 12	0. 92	0. 90	0. 77	0. 66	0. 61	0. 57	0. 52	1. 39
	福州	1. 88	1. 72	1. 34	1. 13	0. 98	0. 86	0. 80	0. 70	0. 65	0. 53	0. 43	0. 42	0. 38	1. 21
	厦门	1. 61	1. 46	1. 21	0. 93	0. 80	0. 77	0. 74	0. 61	0. 53	0. 45	0. 45	0. 40	0. 35	1. 00
	济南	2. 17	1. 90	1. 42	1. 21	1. 02	0. 95	0. 81	0. 78	0. 74	0. 68	0. 56	0. 53	0. 46	1. 31
	青岛	1. 65	1. 58	1. 46	1. 30	1. 26	1. 27	1. 15	1. 06	0. 96	0. 89	0. 68	0. 57	0. 54	1. 27

续表

地区		年份													
		2003	2004	2005	2006	2007	2008	2009	2010	2011	2012	2013	2014	2015	平均
东部地区	广州	1.21	1.18	1.20	1.13	1.01	0.97	0.84	0.76	0.68	0.64	0.63	0.59	0.51	1.00
	深圳	1.65	1.43	—	1.34	1.24	1.16	0.93	0.82	0.81	0.76	0.48	0.43	0.39	1.13
	平均	2.17	2.00	1.79	1.60	1.42	1.37	1.12	1.06	0.97	0.84	0.64	0.60	0.52	1.50
中部地区	太原	1.18	1.07	1.10	0.93	0.86	0.78	0.68	0.59	0.57	0.46	0.42	0.35	0.33	0.84
	长春	1.93	1.76	1.27	1.22	6.54	6.87	0.87	0.74	0.77	0.64	0.49	0.43	0.40	1.91
	哈尔滨	1.06	1.14	1.02	0.92	0.87	0.87	0.71	0.68	0.66	0.52	0.44	0.42	0.43	0.86
	合肥	1.78	1.67	1.78	1.41	1.21	1.08	0.90	0.76	0.63	0.53	0.37	0.38	0.35	1.21
	南昌	1.74	1.56	1.40	1.22	1.17	1.04	0.84	0.76	0.65	0.61	0.48	0.43	0.40	1.19
	郑州	1.27	1.29	1.19	1.10	0.91	0.96	0.76	0.71	0.68	0.58	0.48	0.43	0.37	0.98
	武汉	1.82	1.67	1.43	1.19	1.03	1.09	—	0.69	0.66	0.73	0.65	0.58	0.51	1.25
	长沙	1.45	1.40	1.37	1.13	1.04	1.20	1.01	0.89	0.85	0.78	0.72	0.65	0.57	1.22
	平均	2.12	2.04	1.82	1.60	1.41	1.37	1.16	1.08	1.00	0.89	0.70	0.62	0.56	1.49
西部地区	南宁	1.41	1.20	1.13	1.00	0.87	0.83	0.87	0.65	0.67	0.62	0.57	0.40	0.41	1.02
	重庆	1.31	1.16	1.11	1.02	0.86	0.81	—	0.74	0.68	—	0.44	0.40	0.36	1.05
	成都	1.57	1.49	1.23	1.11	0.88	0.86	0.75	0.74	0.75	0.70	0.51	—	0.44	1.11

续表

地区		年份													
		2003	2004	2005	2006	2007	2008	2009	2010	2011	2012	2013	2014	2015	平均
西部地区	贵阳	1.28	1.15	0.94	0.83	0.66	0.60	0.56	0.51	0.44	0.43	0.30	0.32	0.31	0.82
	昆明	1.75	1.62	1.41	1.18	1.03	1.03	0.87	0.85	0.74	0.70	0.54	0.57	0.45	1.17
	西安	1.25	1.15	1.79	0.82	0.93	0.64	—	0.51	0.49	0.46	0.38	0.33	0.31	0.94
	兰州	1.24	1.33	1.20	1.08	0.95	0.88	0.80	0.62	0.62	0.59	0.55	0.50	0.43	0.98
	西宁	0.79	1.08	1.18	1.04	0.96	0.88	0.79	0.74	0.65	—	0.52	0.46	0.46	0.85
	银川	0.76	0.75	0.91	0.72	0.62	0.66	0.66	0.57	0.55	0.54	0.53	0.43	0.41	0.74
	乌市	1.19	1.21	1.18	1.07	0.91	0.93	0.80	0.77	0.65	0.53	0.45	0.41	0.37	0.91
	平均	1.97	1.98	1.91	1.58	1.40	1.31	1.14	1.08	0.99	0.89	0.72	0.69	0.65	1.48
全国	平均	2.10	2.01	1.83	1.60	1.41	1.36	1.14	1.07	0.99	0.87	0.68	0.63	0.56	1.49

注：①表中全国及各地区平均劳动要素价格扭曲程度为2000~2015年地区内所有城市的平均水平。②表中“—”表示由于数据缺失而无法测算该城市在本年中的劳动要素价格扭曲程度。

资料来源：《中国城市统计年鉴》。

2. 土地要素价格扭曲程度测算结果与分析

按照式（3-7）中的“影子价格”法可测算出2000~2015年中国49个城市的土地要素价格扭曲程度及其变化趋势，如图3-4和表3-6所示。囿于篇幅限制，表3-6同样仅汇报了35个城市2003~2015年的土地要素价格扭曲程度。

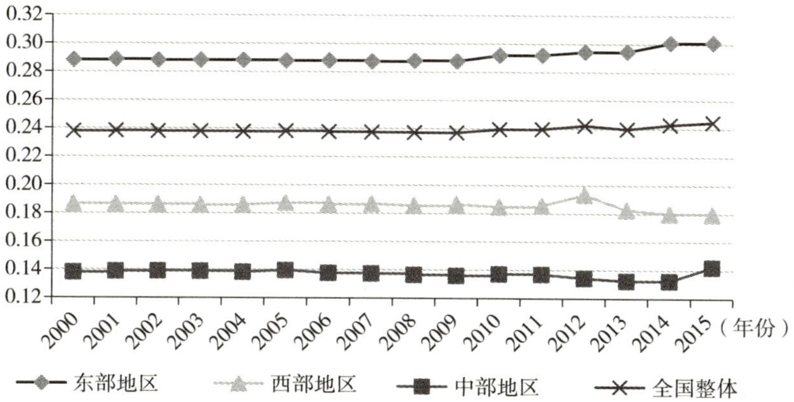

图3-4　2000~2015年中国土地要素价格扭曲程度走势

如图3-4和表3-6所示，从测算结果来看，由于土地基准价格（相对于实际价格）较低，全国各地区的土地价格主要表现为正向扭曲，扭曲程度普遍介于［0，1］，变化幅度较为平稳。从近年来的变化趋势来看，2000~2015年全国平均土地要素价格的扭曲现象并没有得到明显改善，反而略有上升，扭曲程度基本保持在0.24左右。

具体观察东部、中部、西部三个地区。观测期间，东部地区的土地价格扭曲程度最大，且有略微上升趋势，平均扭曲程度基本保持在0.29左右，其中，地区内深圳市为全国平均土地要素价格扭曲程度最高的城市。西部地区次之，平均扭曲程度约为0.19，呈现出轻微的下降趋势。中部地区则相对较弱，平均扭曲程度约为0.14，整体变化趋势较为平缓。从土地价格扭曲程度来看，三个地区整体差别较大，主要是因为土地要素价格扭曲程度的测算依赖于各地区的土地基准价格与实际价格的相对差异，基准价格与实际价格的差距越大，扭曲程度则越高。据统计，在2000~2015年，东部、中部、西部地区的平均土地基准价格和实际出让价格分别为485.07元/平方米和710.21元/平方米、400元/平方米和474.24元/平方米、366.55元/平方米和470.56元/平方米，

表 3-6　2003~2015 年中国土地要素价格扭曲程度测算结果

地区		年份													
		2003	2004	2005	2006	2007	2008	2009	2010	2011	2012	2013	2014	2015	平均
东部地区	北京	0. 32	0. 32	0. 32	0. 32	0. 32	0. 32	0. 32	0. 32	0. 32	0. 32	0. 32	0. 49	0. 49	0. 34
	天津	0. 30	0. 30	0. 30	0. 30	0. 30	0. 30	0. 30	0. 30	0. 30	0. 30	0. 30	0. 30	0. 30	0. 30
	沈阳	0. 13	0. 13	0. 13	0. 13	0. 13	0. 13	0. 13	0. 13	0. 13	0. 13	0. 13	0. 13	0. 13	0. 13
	大连	0. 22	0. 22	0. 22	0. 22	0. 22	0. 22	0. 22	0. 22	0. 22	0. 22	0. 22	0. 22	0. 22	0. 22
	上海	0. 32	0. 33	0. 32	0. 32	0. 33	0. 32	0. 33	0. 29	0. 30	0. 32	0. 32	0. 32	0. 32	0. 32
	南京	0. 54	0. 54	0. 54	0. 54	0. 54	0. 53	0. 54	0. 54	0. 53	0. 54	0. 54	0. 54	0. 54	0. 54
	无锡	0. 27	0. 27	0. 27	0. 28	0. 27	0. 28	0. 27	0. 27	0. 28	0. 27	0. 28	0. 27	0. 27	0. 27
	苏州	0. 22	0. 22	0. 22	0. 22	0. 22	0. 22	0. 22	0. 22	0. 22	0. 22	0. 22	0. 22	0. 22	0. 22
	杭州	0. 01	0. 01	0. 01	0. 01	0. 01	0. 01	0. 01	0. 01	0. 02	0. 03	0. 03	0. 03	0. 03	0. 01
	宁波	0. 42	0. 42	0. 42	0. 42	0. 42	0. 42	0. 41	0. 42	0. 42	0. 42	0. 42	0. 42	0. 52	0. 42
	温州	0. 79	0. 79	0. 79	0. 79	0. 79	0. 79	0. 79	0. 79	0. 79	0. 79	0. 79	0. 79	0. 79	0. 79
	福州	0. 10	0. 10	0. 10	0. 10	0. 10	0. 10	0. 10	0. 10	0. 10	0. 10	0. 10	0. 11	0. 08	0. 10
	厦门	0. 46	0. 47	0. 46	0. 47	0. 47	0. 46	0. 47	0. 47	0. 47	0. 46	0. 46	0. 47	0. 47	0. 47
	济南	0. 24	0. 24	0. 24	0. 24	0. 24	0. 24	0. 25	0. 24	0. 24	0. 24	0. 25	0. 24	0. 24	0. 24
	青岛	0. 35	0. 35	0. 35	0. 35	0. 35	0. 35	0. 35	0. 35	0. 35	0. 35	0. 35	0. 35	0. 35	0. 35

续表

地区		年份													
		2003	2004	2005	2006	2007	2008	2009	2010	2011	2012	2013	2014	2015	平均
东部地区	广州	0. 30	0. 31	0. 31	0. 30	0. 31	0. 31	0. 31	0. 31	0. 31	0. 31	0. 31	0. 31	0. 31	0. 31
	深圳	0. 76	0. 76	0. 76	0. 76	0. 76	0. 76	0. 76	0. 76	0. 76	0. 79	0. 80	0. 79	0. 79	0. 77
	平均	0. 29	0. 29	0. 29	0. 29	0. 29	0. 29	0. 29	0. 29	0. 29	0. 29	0. 29	0. 30	0. 30	0. 29
中部地区	太原	0. 26	0. 26	0. 26	0. 26	0. 26	0. 26	0. 26	0. 26	0. 26	0. 26	0. 25	0. 26	0. 26	0. 26
	长春	0. 03	0. 02	0. 03	0. 02	0. 02	0. 02	0. 02	0. 02	0. 02	0. 00	0. 00	0. 00	0. 00	0. 02
	哈尔滨	0. 12	0. 12	0. 12	0. 12	0. 12	0. 12	0. 12	0. 12	0. 12	0. 12	0. 07	0. 07	0. 07	0. 08
	合肥	0. 07	0. 06	0. 06	0. 06	0. 06	0. 06	0. 06	0. 06	0. 06	0. 06	0. 06	0. 06	0. 06	0. 06
	南昌	0. 05	0. 05	0. 06	0. 05	0. 05	0. 05	0. 05	0. 05	0. 06	0. 05	0. 06	0. 06	0. 06	0. 05
	郑州	0. 38	0. 38	0. 38	0. 38	0. 38	0. 38	0. 38	0. 38	0. 38	0. 38	0. 38	0. 38	0. 38	0. 38
	武汉	0. 24	0. 24	0. 24	0. 24	0. 24	0. 24	0. 24	0. 24	0. 24	0. 24	0. 27	0. 27	0. 27	0. 25
	长沙	0. 07	0. 07	0. 07	0. 07	0. 07	0. 07	0. 07	0. 07	0. 07	0. 07	0. 07	0. 07	0. 15	0. 08
	平均	0. 14	0. 14	0. 14	0. 14	0. 14	0. 14	0. 14	0. 14	0. 14	0. 13	0. 13	0. 13	0. 14	0. 14
西部地区	南宁	0. 01	0. 01	0. 01	0. 01	0. 01	0. 01	0. 01	0. 01	0. 01	0. 01	0. 01	0. 01	0. 01	0. 01
	重庆	0. 12	0. 12	0. 12	0. 12	0. 12	0. 12	0. 12	0. 11	0. 11	0. 11	0. 08	0. 08	0. 08	0. 11
	成都	0. 27	0. 27	0. 27	0. 28	0. 27	0. 28	0. 27	0. 27	0. 28	0. 27	0. 28	0. 27	0. 27	0. 27

续表

地区		年份													
		2003	2004	2005	2006	2007	2008	2009	2010	2011	2012	2013	2014	2015	平均
西部地区	贵阳	0.18	0.18	0.18	0.18	0.18	0.18	0.18	0.18	0.18	0.18	0.10	0.10	0.10	0.17
	昆明	0.25	0.25	0.25	0.24	0.24	0.24	0.24	0.25	0.24	0.24	0.24	0.24	0.25	0.25
	西安	0.33	0.33	0.33	0.34	0.34	0.33	0.34	0.34	0.34	0.33	0.33	0.34	0.32	0.33
	兰州	0.53	0.53	0.53	0.53	0.53	0.53	0.53	0.53	0.53	0.53	0.53	0.53	0.53	0.53
	西宁	0.26	0.26	0.26	0.26	0.26	0.26	0.26	0.26	0.26	0.34	0.34	0.34	0.34	0.28
	银川	0.02	0.02	0.02	0.02	0.02	0.02	0.02	0.02	0.02	0.02	0.02	0.02	0.02	0.02
	乌市	0.02	0.03	0.03	0.03	0.03	0.02	0.03	0.02	0.02	0.03	0.04	0.02	0.03	0.03
	平均	0.19	0.19	0.19	0.19	0.19	0.19	0.19	0.18	0.19	0.19	0.18	0.18	0.18	0.19
全国	平均	0.24	0.24	0.24	0.24	0.24	0.24	0.24	0.24	0.24	0.24	0.24	0.24	0.24	0.24

注：①表中全国及各地区平均劳动要素价格扭曲程度为2000~2015年地区内所有城市的平均水平。②由于测算方法的不同，导致土地要素与资本和劳动要素的价格扭曲程度测算结果差异较大。

资料来源：中国地价信息服务平台，http：//www.landvalue.com.cn/。

无论是土地基准价格还是实际出让价格，东部地区都处于领先地位，而且东部地区的土地基准价格与实际价格在数值上的绝对差距也高于中部地区和西部地区。这说明虽然东部地区的土地基准价格较高，但相对（土地基准价格）更高的实际成交价格导致土地价格扭曲程度最大。

通过对2000~2015年中国整体及不同地区261个城市的资本、劳动和土地要素价格扭曲进行测算，本书得到了我国要素价格扭曲程度的变化趋势与区域特征，如表3-7所示。

表3-7　资本、劳动、土地要素价格扭曲程度变化趋势与区域特征

变量	要素类型	整体变化趋势	区域特征
distK	资本要素	不断下降，然后趋于稳定，总体保持负向扭曲	资本要素价格扭曲程度distK从东部向西部依次递减
distL	劳动要素	先负向递减，然后正向递增，扭曲方向由负变为正	劳动要素价格扭曲程度distL从东部向西部依次递减
distE	土地要素	相对平稳，略有提高，总体保持正向扭曲	土地要素价格扭曲程度distE东部最高、西部次之、中部最弱

第四节　本章小结

中国市场化改革进程和经济转轨历程是一个制度优化和重构的社会变迁过程。在保证经济稳步增长的基础上，我国采取渐进、非均衡的体制变革模式，逐步瓦解旧有经济体系，并将资源配置权转交到市场手中，由市场发挥调节功能，实现资源的科学配置。不同领域在改革实践中，由于时空不同步，加上认知方面存在的偏差，导致出现了一部分制度缺陷，最终形成要素价格扭曲。林毅夫（2012）认为，现阶段经济领域中存在的诸多阻碍因素都是双轨制改革进程中遗留下来的历史问题，由于当时国家要大力推进重工业发展，政府通过一系列制度和措施刻意降低资金与各类资源价格，导致要素价格扭曲，具体来讲，就是要素边际产出大于要素实际价格。由此可见，要素价格扭曲在我国是一个客观存在的经济现象，政府对市场的过多干预以及要素市场化改革的滞后是导致要素价格扭曲的重要原因。

根据我国261个城市要素价格扭曲程度的测算结果，2000~2015年资本要素价格呈现出负向扭曲，投资驱动型的经济增长方式较为明显。在利率保持基本不变的情况下，资本要素的边际产出不断减小，对应资本价格扭曲程度持续降低，最后维持在3.0左右，从侧面反映出我国之前所依赖的低利率、高投资的方式对经济的促进作用已经逐渐弱化，必须找到新的经济增长点。对于劳动要素，劳动价格扭曲程度在2000~2015年呈现出先（负向）减小后（正向）增大的趋势，扭曲方向在2012年前后发生了由负向扭曲到正向扭曲的转变，说明近年来随着各地区劳动要素价格的不断攀升，我国巨大的人口红利正在逐渐消失，以往长期依赖于低廉劳动力成本的经济增长模式将无以为继。反观土地要素，历年来土地要素价格一直表现为正向扭曲，扭曲程度较为平稳，长期保持在0.2左右，说明我国大部分地区（尤其是东部地区）土地的实际价格远高于土地的基准价格，各级政府在土地市场仍持有较大的土地议价和支配能力，土地要素价格扭曲现象并未得到明显改善。

在新常态下，我国采取的渐进式改革模式已经到了最后的攻坚阶段，所面临的主要问题是束缚我国经济社会可持续发展的内在矛盾。“攻坚”中的“坚”主要指要素市场，而“内在矛盾”也主要集中在要素市场。在未来的发展中，要实现中国经济的可持续发展，就必须调整生产要素价格机制，发挥自由市场价格调节功能，消除价格扭曲。茅于轼（2007）认为，中国宏观经济之所以存在诸多问题，根源就在于要素价格扭曲，并且扭曲带来的负面影响呈现出不断加重的态势。另外，因为经济政策作用力不同，资本、土地以及劳动要素会在企业间表现出不同的价格扭曲程度，如不采取有效的改革措施，要素价格扭曲将会对我国创业的发展造成巨大影响。

在下一步的研究中，仍需进一步拓宽与之相关的经济理论和实践探究，提高研究内容的深度与广度。在下文中，本书将结合本章中要素价格扭曲程度与第二章中创业水平的测算结果，采用理论结合实证的研究方法系统分析要素价格扭曲对我国整体和不同地区创业水平的影响，以及两者之间的影响机制。

第四章　要素价格扭曲对创业水平的影响机制

第二章分别从不同视角测算了中国整体及各地区的创业水平，描述了中国的创业历程与现状。现实结果显示，虽然改革开放以来的四次创业热潮激发了社会中的创业活力，但是2010年以来，中国整体创业水平却呈现出一定程度的下滑趋势，且不同地区的创业水平表现出明显的区域差异。那么，究竟是什么原因阻碍了我国创业发展？为什么不同地区的创业水平在不同时期具有明显的区域和时间差异？

为了解答这些问题，本书前几章回顾了要素价格扭曲对创业的影响现状并指出，在过去长期计划经济体制的影响下，政府对市场的过多干预导致的价格扭曲是目前要素市场中普遍存在的经济现象，同时也是抑制中国创业发展的重要因素之一。以此为基础，本章将针对要素价格扭曲对创业水平的影响机制展开具体分析，并找到两者之间的传导路径。

本章的研究思路和整体内容如下：首先，根据我国的具体创业现状描述要素价格扭曲对创业水平影响的传导路径；其次，通过博弈论的研究方法模拟和刻画要素价格扭曲对创业水平影响的理论机制；最后，根据我国微观企业的现实数据对上述理论机制进行实证检验。

第一节　传导路径

通过对要素价格扭曲对我国创业水平的影响进行总结，本书发现，要素价格扭曲对创业的影响主要是以“企业”为介质进行传导，是通过改变不同企业的要素（资本、劳动和土地要素）成本引发不同企业在市场中竞争地位的变化，进而削弱企业的创业动机和创业活力，最终影响创业水平。

具体而言，根据我国的现实背景，在要素价格扭曲的影响下，不同企业在获取相同生产要素时所支付的要素价格（成本）具有很大的差异，能够以较低价格获得生产要素的企业（成本优势企业）将会在随后的市场竞争中获得巨大的竞争优势，并通过强硬的竞争策略“驱逐”或“遏制”以较高价格获得生产要素的企业（成本劣势企业）参与市场竞争，从而获得更高的经济利润和长期的垄断地位；而市场中的成本劣势企业由于预期利润大幅减少，创业将变得无利可图，退出市场的动机则会相应增加，潜在创业企业也不会选择进入市场，导致社会中的创业活力和创业水平大幅下降，并最终形成了一条“要素价格扭曲→要素成本差异→创业动机→创业活力→创业水平”的完整传导路径。

综上所述，要素价格扭曲对创业水平影响的传导路径如图 4-1 所示。

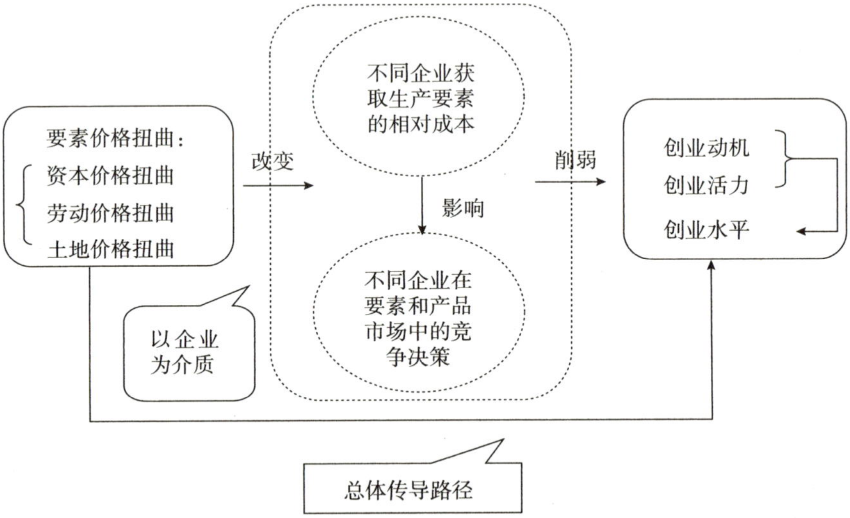

图 4-1　要素价格扭曲对创业影响的传导路径

第二节　影响机制的理论分析

本节将沿着要素价格扭曲对创业影响的传导路径，采用经典的博弈模型，依次模拟并分析在要素市场和产品市场中，要素价格扭曲对不同企业博弈策略的影响，从而得出要素价格扭曲对创业的理论影响机制。

一、模型假定

在展开具体的博弈之前，首先需要根据要素市场与产品市场的不同竞争环境，对博弈模型做出整体假定。

1. 要素市场

假定一：假定要素市场中同时存在两家以利润最大化为目标的竞争性[①]企业（分别为企业 1 和企业 2）正在竞争某种生产要素（假设为 K）。

假定二：假定在两家企业中，企业 1 为在位企业，企业 2 为正在相机选择是否进入市场的潜在企业或刚刚进入市场的新进企业[②]，即市场中的创业企业。

假定三：假定在位企业 1 由于在市场中积累了多年的生产经验，生产要素的供货网络更加成熟，并且上下游产业生态圈更加完善。因此，在位企业 1 相较于潜在（或新进）企业 2 具有更加雄厚的社会资本[③]，获取生产要素的难度以及支付的要素价格（成本）较低。

2. 产品市场

假定四：假定企业 1 和企业 2 生产的是无差别的同质产品，且消费者在两家企业生产的产品之间不存在选择性偏好，即消费者对企业 1 和企业 2 所生产的产品的需求仅仅与其价格有关，而与其他因素无关。

假定五：假定市场中的需求曲线斜率为负，即消费者对企业 1 和企业 2 产品的需求量将随着产品价格的提高而降低。

假定六：假定市场中的信息是完全的，即企业 1 和企业 2 都知道市场中的需求曲线以及竞争双方的生产函数和要素成本曲线。

二、要素市场的博弈分析

生产要素既是影响企业生存和发展的决定性因素，也是企业进行产品生产的前提。本书将在欧雪银（2009）[④] 研究的基础上，采用经典的鹰—鸽博

① 假定两家企业是理性的，且企业之间不存在合谋行为。

② 根据模型假定，可将企业 2 表示为市场中的创业者。

③ 社会资本表现在，企业 1 相较于企业 2 更加受到政府和银行的偏好，在获取生产要素时更加具有优势。

④ 欧雪银．企业家精神对经济发展影响的理论与实证研究［D］．长沙：湖南大学博士学位论文，2009.

弈模型①来模拟具有要素成本差异的企业在要素市场中的博弈过程，从而观测出要素价格扭曲对不同企业要素竞争策略的影响。

当企业双方在要素市场的博弈开始后，假设企业 1 和企业 2 获取生产要素 K 的实际价格（要素成本）分别为 c_1 和 c_2。假设市场中的生产技术是恒定的，即要素 K 在企业 1 和企业 2 中的边际产出（用 MP_K 表示）相等。因此，要素 K 为企业 1 和企业 2 带来的收益（用 v_1 和 v_2 表示）分别为 $v_1 = MP_K - c_1$ 和 $v_2 = MP_K - c_2$。

此时，在要素竞争的整个博弈过程中，企业 1 和企业 2 都各有两种博弈策略，即进攻型（鹰）、和平型（鸽）策略；整个博弈共包含三种策略类型：

类型一：如果两家企业都采取进攻型（鹰）策略，那么要素的竞争过程将是“头破血流”，即企业 1 和企业 2 需要为进攻型（鹰）策略支付一定的竞争成本 c'_1 和 c'_2（竞争成本可理解为企业获取要素 K 的难度；获取要素的难度越大，意味着企业支付的竞争成本越多），然后平分生产要素 K。此时，企业 1 和企业 2 的预期收益分别为$\frac{v_1 - c'_1}{2}$和$\frac{v_2 - c'_2}{2}$（见图 4-2 中的区域①）。

类型二：如果有一家企业采取进攻型（鹰）策略，而另一家企业采取和平型（鸽）策略，则采取进攻型（鹰）策略的企业将获得所有要素 K，且不需要支付竞争成本；而采取和平型（鸽）策略的企业将在要素竞争中一无所获。此时，两家企业的预期收益分别为 v_1，0 或 0，v_2（见图 4-2 中的区域②和区域③）。

类型三：如果两家企业都采取和平型（鸽）策略，则两家企业将平分要素 K，且不需要支付竞争成本。此时，两家企业的预期收益分别为$\frac{v_1}{2}$和$\frac{v_2}{2}$（见图 4-2 中的区域④）。

假设企业 1 在博弈中采用鹰、鸽策略的比例分别为 x 和 1-x，企业 2 在博弈中采用鹰、鸽策略的比例分别为 y 和 1-y，加入策略比例后两家企业的收益分别用 u_1 和 u_2 表示。

企业 1 在位置博弈中采用鹰、鸽策略的期望收益以及采用两类策略的平均期望收益如式（4-1）、式（4-2）和式（4-3）所示：

---

① “鹰—鸽”模型又称“鹰—鸽反击者”模型，常用来解释和模拟市场中具有相反竞争策略——进攻型（鹰）与和平型（鸽）策略的两方在竞争同一资源时的博弈场景。

		企业 2	
		鹰	鸽
企业 1	鹰	$\frac{v_1-c'_1}{2},\frac{v_2-c'_2}{2}$ ①	$v_1, 0$ ②
	鸽	$0, v_2$ ③	$\frac{v_1}{2},\frac{v_2}{2}$ ④

图 4-2　非对称鹰—鸽博弈矩阵图

$$u_{1e}=y\cdot\frac{v_1-c'_1}{2}+(1-y)\cdot v_1 \tag{4-1}$$

$$u_{1d}=y\cdot 0+(1-y)\cdot\frac{v_1}{2}=(1-y)\cdot\frac{v_1}{2} \tag{4-2}$$

$$\bar{u}_1=x\cdot u_{1e}+(1-x)\cdot u_{1d}=xy\cdot\frac{v_1-c'_1}{2}+x(1-y)\cdot v_1+(1-x)(1-y)\cdot\frac{v_1}{2} \tag{4-3}$$

同理，企业 2 在位置博弈中采用鹰、鸽策略的期望收益以及采用两类策略的平均期望收益如式（4-4）、式（4-5）和式（4-6）所示：

$$u_{2e}=x\cdot\frac{v_2-c'_2}{2}+(1-x)\cdot 0=x\cdot\frac{v_2-c'_2}{2} \tag{4-4}$$

$$u_{2d}=x\cdot v_2+(1-x)\cdot\frac{v_2}{2} \tag{4-5}$$

$$\bar{u}_2=y\cdot u_{2e}+(1-y)\cdot u_{2d}=xy\cdot\frac{v_2-c'_2}{2}+y(1-x)\cdot v_2+(1-y)(1-x)\cdot\frac{v_2}{2} \tag{4-6}$$

分别将竞争动态方程用于两个企业的博弈中，可得到企业 1 和企业 2 的竞争动态方程，如式（4-7）和式（4-8）所示：

$$\frac{dx}{dt}=x[u_{1e}-\bar{u}_1]=\frac{x(1-x)(v_1-yc'_1)}{2} \tag{4-7}$$

$$\frac{dy}{dt}=y[u_{2e}-\bar{u}_2]=\frac{y(1-y)(-v_2-xc'_2)}{2} \tag{4-8}$$

首先，分析企业 1。式（4-7）中，当 $y=\frac{v_1}{c'_1}$时，$\frac{dx}{dt}=0$，所有 x 都是稳定

状态；当 $y>\frac{v_1}{c'_1}$ 时，$x^*=0$ 和 $x^*=1$ 是稳定状态，其中 $x^*=1$ 是进化稳定策略；当 $y<\frac{v_1}{c'_1}$ 时，$x^*=0$ 和 $x^*=1$ 是稳定状态，其中 $x^*=0$ 是进化稳定策略。

其次，分析企业 2。式（4-8）中，当 $x=-\frac{v_2}{c'_2}$ 时，$\frac{dy}{dt}=0$，所有 y 都是稳定状态；当 $x>-\frac{v_2}{c'_2}$ 时，$y^*=0$ 和 $y^*=1$ 是稳定状态，其中 $y^*=1$ 是进化稳定策略；当 $x<-\frac{v_2}{c'_2}$ 时，$y^*=0$ 和 $y^*=1$ 是稳定状态，其中 $y^*=0$ 是进化稳定策略。把上述两个企业动态变化的关系用一个坐标来表示，如图 4-3 所示。

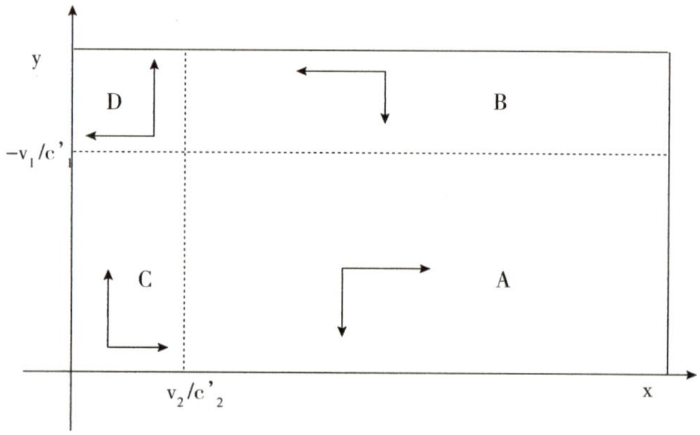

图 4-3　资源博弈动态相位

从图 4-3 的箭头方向可以看出，在非对称鹰—鸽博弈中，$x^*=0$ 和 $y^*=1$，$y^*=0$ 和 $x^*=1$ 是博弈的进化稳定策略。在企业竞争经济资源的动态演化博弈中，当初始位置落入 A 区域时，博弈会收敛到演化稳定策略 $y^*=0$ 和 $x^*=1$，企业 1 采用进攻型（鹰）策略，企业 2 采用和平型（鸽）策略。当初始位置落入 D 区域时，博弈会收敛到演化稳定策略 $x^*=0$ 和 $y^*=1$，企业 2 采用进攻型（鹰）策略，企业 1 采用和平型（鸽）策略。当初始位置落入 B、C 区域时，有较大可能最终收敛于演化稳定策略 $x^*=0$ 和 $y^*=1$。

由以上博弈结果可知，企业 1 和企业 2 在竞争要素 K 时的博弈决策 x 和 y 直接取决于函数 $\frac{MP_K-c_1}{c'_1}$ 和 $\frac{MP_K-c_2}{c'_2}$ 值的大小，在要素边际产出不变的情况下，要素价格（c_1、c_2）越低、获取要素的难度（c'_1、c'_2）越小，企业就越倾向于采用进攻型（鹰）策略。

如果市场是完全竞争的，要素的实际价格等于其边际产出，即 $MP_K = c_1 = c_2$，$\frac{MP_K - c_1}{c'_1} = \frac{MP_K - c_2}{c'_2} = 0$，两家企业的初始博弈点将落入图 4-3 中的原点位置，博弈的纳什均衡为在位企业 1 和潜在企业 2 都采取和平型（鸽）策略平分要素 K。此时，竞争的结果导致两家企业的经济利润为零，但却获得全部正常利润，要素 K 处于帕累托最优配置状态。

但是，如果市场中存在扭曲程度为 θ 的要素价格扭曲现象①（$\theta = MP_K - c$），此时，两家企业所支付的要素价格将不再等于其边际产出，即 $MP_K \neq c_1 \neq c_2$。根据模型中的假定三，由于在位企业 1 相对于潜在企业 2 更加受到政府和银行的偏好，因此扭曲的结果必然导致企业 1 相对于企业 2 而言更具有成本优势，即 $c_1 < c_2$，$\frac{MP_K - c_1}{c'_1} > \frac{MP_K - c_2}{c'_2}$。此时，两家企业的初始博弈点将落入图 4-3 中的 A 区域，博弈最终会收敛于演化稳定策略 $y^* = 0$ 和 $x^* = 1$，即在位企业 1 会选择以进攻型（鹰）的竞争策略参与要素竞争，并获得比潜在企业 2 更多的生产要素 K。在极端的情况下，当扭曲程度足够大时，在位企业 1 将获取全部生产要素 K，从而独占整个要素市场。

可见，要素价格扭曲会导致企业的相对要素成本发生改变，使要素市场中出现成本优势企业和成本劣势企业，这一现象严重违背了市场竞争的公平准则。根据文中假定，在利润最大化的激励下，具有要素成本优势的在位企业将会采取进攻型策略参与要素竞争，并获取（相对于要素成本劣势的潜在企业）更多的生产要素。不仅如此，随着要素价格扭曲程度的增加，在位企业的要素成本优势将会不断扩大，要素竞争策略也将越发强硬。极端情况下，当要素价格扭曲程度足够大时，具有要素成本优势的在位企业将会成功遏制潜在企业参与要素竞争，并获得要素市场中的垄断地位。

三、产品市场的博弈分析

根据上述要素市场的博弈分析，当两家企业获取必要的生产要素之后，

---

① 根据要素价格扭曲的定义，扭曲程度 θ 等于生产要素的实际价格与其边际产出的相对偏离程度，即 $\theta = MP/c$ 或 $\theta = MP - c$；为了便于分析，这里运用第二种测算方法。具体参见第一章第三节。

为了实现利润最大化的竞争目标，需要进入产品市场继续进行下一阶段的产品竞争①。此时，要素价格扭曲则通过改变两家企业的要素成本传导到产品市场。在产品市场的竞争过程中，在位企业和潜在企业分别可通过产量竞争和价格竞争两种方式进行博弈。

在此基础上，本节将依次采用斯塔克尔伯格模型（Stackelberg Leadership Model，产量竞争模型）和掠夺性定价模型（Predatory Pricing Model，价格竞争模型）对企业 1 和企业 2 在产品市场中的不同博弈场景进行模拟，从而构建出要素价格扭曲对创业水平的完整影响机制。

1. 产量竞争的博弈过程

延续上一节中的模型假设，假设市场中存在要素价格扭曲，且扭曲程度为 θ，扭曲的结果导致在位企业 1 的要素成本 c_1 小于潜在企业 2 的要素成本 c_2（$c_1<c_2$），即在位企业 1 为要素成本优势企业，在要素竞争中获得要素 K 的数量为 K_1；潜在企业 2 为要素成本劣势企业，在要素竞争中获得要素 K 的数量为 K_2；且 $K_2=1-K_1$（假定要素 K 的总量为 1）。根据要素市场博弈的动态演化结果，成本优势企业 1 所获得的要素 K 的数量 K_1 是一个关于要素价格扭曲程度 θ 的增函数，即扭曲程度 θ 的值越大，企业 1 在相同成本下可以用于生产的要素 K 的数量 K_1 就越多、成本劣势企业 2 可用于生产的要素 K 的数量 K_2 就越少。

根据斯塔克尔伯格模型的假定，两家企业进入产品市场后进行的是产量竞争（产品价格恒定，$P_1=P_2$），且竞争过程共分为两个时期。在第一个时期，企业 1 投入一定数量的要素 K_1，企业 2 观察到了 K_1，并决定在第二个时期是否参与竞争。如果第二个时期企业 2 不参与竞争，那么它的利润为 0，并且企业 1 将享有垄断地位，此时企业 1 获得的垄断利润为 $\prod^{1m}[K_1,\ x_1^m(K_1)]$，其中 $x_1^m(K_1)$ 表示当企业 2 不参与竞争时企业 1 的垄断选择，它是 K_1 的函数。如果企业 2 参与竞争，两家企业将同时调整自己的竞争策略 x_1 和 x_2（x_1 和 x_2 分别表示企业 1 和企业 2 的产量决策，是关于 K_1 的函数）。此时，两家企业的利润分别为 $\prod^1(K_1,\ x_1,\ x_2)$ 和 $\prod^2(K_1,\ x_1,\ x_2)$。

假设在位企业 1 在第一个时期选择了某个水平的 K_1，而潜在企业 2 选择参与竞争。此时，双方的策略 x_1 和 x_2 是一个纳什均衡，假设这一纳什均衡

① 假设两家企业仍是理性的，即以利润最大化为竞争目标。

$\{x_1^*(K_1), x_2^*(K_1)\}$是唯一和稳定的（稳定性表示为给定企业 1 的任意一个策略 x_1，企业 2 都会选择一项行动 $R_2(x_1)$ 对此做出反应，$R_2(x_1)$ 是根据自身利润 $\prod^2(K_1, x_1, x_2)$ 最大化而得到的；然后企业 1 将选择一项行动 $R_1[R_2(x_1)]$ 对 $R_2(x_1)$ 做出反应，从而选择最优决策$\tilde{x}_1$使自身利润 $\prod^1[K_1, \tilde{x}_1, R_2(x_1)]$最大化）。

如果企业 1 所选择的 K_1 使得企业 2 纳什均衡时的预期利润小于 0，即 $\prod^2[K_1, x_1^*(K_1), x_2^*(K_1)] \leqslant 0$，此时企业 1 成功制止了企业 2 参与竞争；但是如果在给定 K_1 的情况下，企业 2 的预期利润大于 0，即 $\prod^2[K_1, x_1^*(K_1), x_2^*(K_1)] > 0$，则企业 2 将会选择参与竞争。

在此情况下，两家企业在产品市场中的博弈将分为竞争遏制和竞争容纳两种情形，具体博弈过程如下：

（1）竞争遏制情形。已知企业 2 不参与竞争的临界条件是预期利润为 0，即 $\prod^2[K_1, x_1^*(K_1), x_2^*(K_1)] = 0$，企业 1 将根据这一条件选择自己的策略使得企业 2 在参与竞争后无利可图，即在位企业 1 通过选择 K_1 遏制潜在企业 2 参与产品市场竞争的情形。根据利润最大化原则将企业 2 的预期利润 $\prod^2$ 对 K_1 求全导数，如式（4-9）所示：

$$\frac{\partial \prod^2}{\partial x_2}[K_1, x_1^*(K_1), x_2^*(K_1)] = 0 \tag{4-9}$$

根据包络定理可知，K_1 对企业 2 决策 x_2^*（K_1）的影响可忽略不计，因此 Π^2 对 K_1 的全导数只剩下两项，如式（4-10）所示：

$$\frac{d\prod^2}{dK_1} = \frac{\partial \prod^2}{\partial K_1} + \frac{\partial \prod^2}{\partial x_1}\frac{dx_1^*}{dK_1} \tag{4-10}$$

式（4-10）中，等式右边第一项为直接效应，第二项为策略效应。通过改变 K_1，企业 1 会对企业 2 的预期利润产生直接效应（$\partial \prod^2/\partial K_1$）和策略效应（$dx_1^*/dK_1$），$K_1$ 在 $\prod^2$ 中的总效应为两种效应的总和。

首先，分析直接效应。直接效应使企业 2 参与竞争的动机直接与企业 1 所投入生产要素 K_1 的数量相关，而不依赖企业 1 与企业 2 之间的策略博弈。假设在企业 2 参与竞争之前，企业 1 可以通过调整生产要素 K_1 的投入数量降低企业 2 进入市场所获得的预期利润，当企业 1 投入的生产要素 K_1 大到使企业 2 进入市场后无利可图（$\prod^2 = 0$）时，企业 2 则选择不参与竞争，即当市场中存在要素价格扭曲时，拥有要素成本优势的企业即使不选择采取任何策略，仅仅依靠改变要素投入量就能够改变成本劣势企业参与竞争的动机。

其次，分析策略效应。假设 $\partial \prod^2 / \partial K_1 = 0$，即 K_1 为只对企业 1 的技术产生影响的要素（如生产能力选择或技术选择），在这种情况下对企业 2 预期利润的任何影响都是由企业 1 的产量决策 x_1 形成的。博弈开始后，具有要素成本优势的在位企业 1 有激励选择强硬的策略（增加产量 x_1）遏制潜在企业 2 参与竞争，从而获得更高的垄断利润。

具体博弈过程如图 4-4 所示，R_1 和 R_2 分别代表在位企业 1 和潜在企业 2 竞争策略的反应曲线。在第一期时，两条曲线相交于 A 点，但是随着市场中的要素价格扭曲程度的增加，较低的成本会使企业 1 有足够激励增加要素 K_1 的投入从而增加自身产量 x_1，使企业 1 的反应曲线 R_1 不断向右边移动，直到企业 1 的反应曲线移动到 r'_1（与企业 2 的反应曲线 R_2 相交于 B 点），此时企业 2 参与竞争后的预期利润 $\prod^2$ 低于要素成本 c_2，企业 2 则没有激励参与竞争。

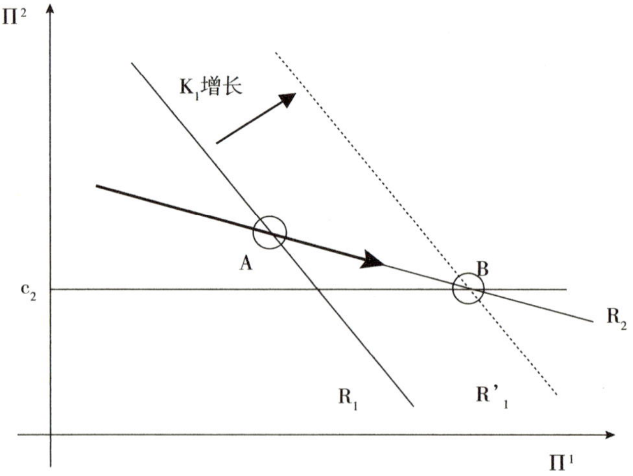

图 4-4　产量竞争中的策略反应曲线

通过以上两种效应分析可以看出，当市场中存在要素价格扭曲并且扭曲程度足够大时，占据要素（无论 K 为何种生产要素）成本优势的在位企业有激励采取强硬的竞争策略，通过增加自己的要素投入 K_1 和扩充产量 x_1 成功遏制要素成本劣势的潜在企业参与竞争，从而获取更高的垄断利润。

（2）竞争容纳情形。假设市场中同样存在要素价格扭曲现象，但扭曲程度并没有大到能够使在位企业 1 成功遏制潜在企业 2 参与竞争，即企业 1 将选择容纳企业 2 参与产品市场竞争，此时产品市场中同时存在企业 1 和企业 2 共同参与竞争。

当市场是竞争遏制的情况时，在位企业 1 的第一期行为是受潜在企业 2 的预期利润支配的，为了降低企业 2 参与竞争的激励，企业 1 要将企业 2 的预期利润降为 0；而在竞争容纳的情形下，企业 1 在第一期的行为是受自身的预期利润支配的，要素 K_1 的投入选择由自身利润 $\prod^1[K_1, x_1^*(K_1), x_2^*(K_1)]$ 对 K_1 的全导数决定。

由包络定理可知，企业 1 在第二期策略的变动之于$\prod^1$ 的影响是二阶的。由此，在竞争容纳的情况下，企业 1 的预期利润方程如式（4-11）所示：

$$\frac{d\prod^1}{dK_1} = \frac{\partial\prod^1}{\partial K_1} + \frac{\partial\prod^1}{\partial x_2}\frac{dx_2^*}{dK_1} \tag{4-11}$$

由式（4-11）可知，在竞争容纳的情况下，企业 1 的预期利润同样受两部分效应影响，等式右边的第一项为直接效应，第二项为策略效应。

首先，分析直接效应。直接效应也被称为成本最小化效应，由于假设成本优势企业 1 的预期利润随着要素 K_1 的投入增加而增加（$\partial\prod^1/\partial K_1 > 0$），所以企业 1 在直接效应的驱使下有激励增加要素 K_1 的投入数量，而不受企业 2 竞争决策的影响。同时，即使企业 2 没有观测到企业 1 对 K_1 的投入，也不会影响自身的博弈策略。因此，在竞争容纳模型中，企业 1 的直接效应只与自身获得要素 K_1 的成本有关，而与企业 2 无关。

其次，分析策略效应。由于 K_1 在直接效应中是固定的，所以策略效应将决定企业 1 的具体博弈策略。在分析策略效应时，首先要明确决策效应的符号：如果策略效应为正，则企业 1 会在利润最大化的驱使下选择采取强硬策略增加要素 K_1 的投入；如果策略效应为负，企业 1 则会减少要素 K_1 的投入。假定两家企业在第二期采取产量（x_1，x_2）竞争，由链式法则可得：

$$\frac{dx_2^*}{dK_1} = \left(\frac{dx_2^*}{dx_1}\right)\left(\frac{dx_1^*}{dK_1}\right) = [\,r'_2(x_1^*)\,]\left(\frac{dx_1^*}{dK_1}\right) \tag{4-12}$$

通过对式（4-12）的整理可得到策略效应的符号，即

$$\text{sign}\left(\frac{\partial \prod^1}{\partial x_2}\frac{dx_2^*}{dK_1}\right) = \text{sign}\left(\frac{\partial \prod^2}{\partial x_1}\frac{dx_1^*}{dK_1}\right) \times \text{sign}(r'_2) \tag{4-13}$$

由此可见，在竞争容纳模型中，企业 1 策略效应的符号是由企业 1 在竞争遏制模型中策略效应的符号[$\text{sign}(dx_1^*/dK_1)$]以及企业 2 反应曲线的斜率[$\text{sign}(r'_2)$]决定的。在产品市场博弈中，企业 1 的产量 x_1 越高，企业 2 的产量 x_2 越低。因此，企业 1 有激励增加要素 K_1 的投入。于是，无论企业 2 是否选择参与竞争，企业 1 的竞争策略都是相同的，这是因为，在产品市场博弈中，要素成本优势企业的强硬竞争态度既会对要素成本劣势企业不利，又会使之软弱。

2. 价格竞争的博弈过程

除产量竞争外，价格竞争也是产品市场中在位企业与潜在企业之间经常使用的竞争手段。下面，本书将采用经典的掠夺性定价模型对产品市场中的价格竞争进行模拟。

传统意义上的掠夺性定价理论较为简单，它是指掠夺者通过在短期内持续制定较低（低于竞争对手平均成本）的产品价格以削弱其竞争对手参与竞争的激励（利润），从而将其遏制或驱逐出市场。当市场上已经不存在竞争时，掠夺者再通过提高价格，补偿其在掠夺性定价期间的损失，从而以牺牲短期利润的方式，换取长期的永久垄断利润。具体的博弈过程如图 4-5 所示。

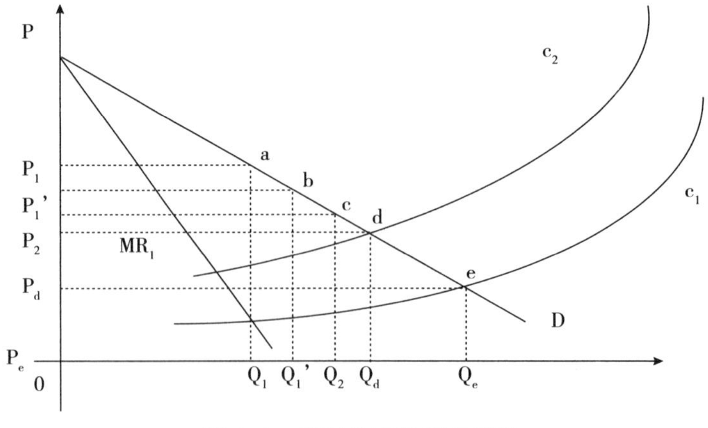

图 4-5　掠夺性定价博弈模型

如图4-5所示，在位企业1和潜在企业2的要素成本曲线分别为c_1和c_2，在位企业1的边际收益曲线为MR_1，市场中的需求曲线为D。企业1的成本曲线c_1与边际收益曲线MR_1和市场需求曲线D分别相交于a点和e点，对应的产品价格分别为P_1和P_e；企业2的成本曲线c_2与市场需求曲线D相交于d点，对应的产品价格为P_d。

博弈开始后，垄断市场中的在位企业1首先选择根据自身利润最大化条件（$MR_1=c_1$）将产品的垄断价格制定为P_1，与此对应的垄断产量为Q_1（见图4-5中a点）；潜在企业2观察到垄断价格P_1之后，将会根据自身的生产成本和预期利润权衡是否进入市场。如果潜在企业2选择进入市场，那么，在观察到企业2进入市场后，在位企业1作为“掠夺者”可通过降低产品价格的方式扩大消费者对自身产品的需求，以此传递给企业2一个“自己会通过鱼死网破的掠夺性定价的方式参与市场竞争，并有能力将企业2驱逐出市场”的信号。此时，降价后的P_1变为P'_1，对应的产量为Q'_1（见图4-5中b点）。由于价格的削减，企业2的一部分顾客将会转而购买企业1的产品，企业1得到的市场份额将逐渐扩大，甚至全部。

观察到这一信号后，如果企业2选择坐视不理，那么失去市场份额的企业2将会被驱逐出市场，企业1重新获得垄断地位，博弈到此结束；此时，企业1制定的市场价格和产量将会由P'_1和Q'_1重新回到P_1和Q_1。但是，如果企业2选择反击，则会根据自身的成本函数制定出更低的价格P_2（见图4-5中c点），使$P_2<P'_1$，从而扩大自身产品的市场份额。观察到企业2降价后，企业1将会选择再次降低产品价格。于是，激烈的价格战（重复博弈）就开始了。

当然，企业1和企业2都非常清楚的是，在博弈的过程中，与其双方在价格战中“头破血流”，进行合作（缔结为“卡特尔”同盟）将是一种更好的方式，即通过协商将产品价格维持在双方都满意的水平。但是，姑且不论这种合作是否违法，即便从理性（利润最大化）的角度考虑，这种合作也是不可能长久的，因为企业1和企业2都存在秘密降价、背弃协议的激励。那么，对于竞争双方而言，更好的方式就是通过不断地降低产品价格将竞争对手排挤出市场。

因此，在掠夺性定价的重复博弈模型中，直到在企业1和企业2中率先出现一个企业由于无法承受价格竞争带来的损失而选择退出市场（正常利润为0），重复博弈才会结束。根据前文中的假定三，作为市场中的要素成本优势企业，企业1仅需要沿着市场需求曲线D将产品价格 P_e 降至竞争对手的成本之下（见图4-5中市场需求曲线D的de部分），即 $c_1<P_e\leq c_2$，就能够以最小的“代价”让企业2蒙受经济损失，从而将其排挤出市场。最终，市场中的产品价格将会重新恢复到 P_1，企业1再次独占市场，并获得全部垄断利润。

至此，本书已经通过采用不同的博弈模型，分别模拟了在要素价格扭曲的影响下，具有不同要素成本的企业在要素市场和产品市场中的竞争过程，从而得到了要素价格扭曲对创业水平的传导路径和影响机制，具体如图4-6所示。

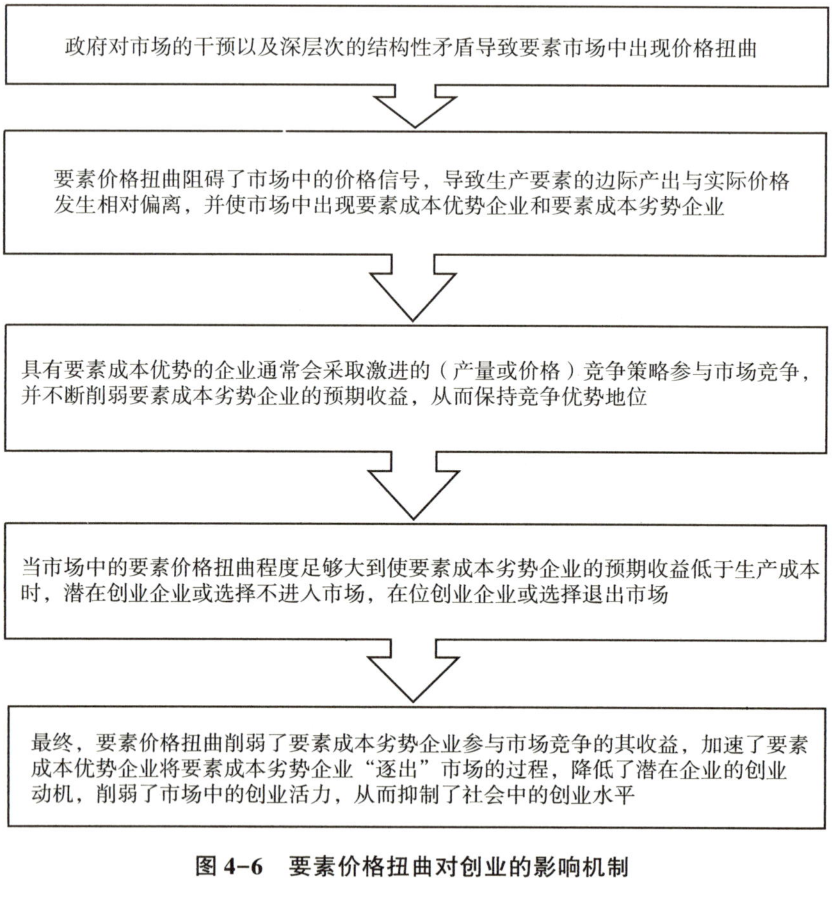

图4-6　要素价格扭曲对创业的影响机制

根据图4-6中的影响机制可以看出，要素市场中存在的价格扭曲现象阻碍了市场中的价格信号，导致生产要素的边际产出与实际价格发生相对偏离，并使市场中出现要素成本优势企业和要素成本劣势企业。能够以较低成本获取生产要素的企业（要素成本优势企业）完全有能力（通过产品市场上的产量竞争和价格竞争）也有动机（利润最大化）通过采用强硬的竞争方式将其竞争对手驱逐出市场，从而获得更多的经济利润。在这种此消彼长的竞争过程中，要素价格扭曲降低了潜在企业的创业动机，削弱了市场中的创业活力，从而严重抑制了社会中的创业水平。

第三节　影响机制的实证检验

在上一节中，通过采用博弈论研究方法，本书从理论角度研究了要素价格扭曲对创业的影响机制，研究结果表明，要素价格扭曲改变了不同企业的相对要素成本和市场竞争策略，使具有要素成本优势的企业在利益最大化的驱动下，往往倾向于选择强硬的竞争策略获取要素资源，驱逐或遏制要素成本劣势企业参与竞争，从而获得更高的经济利润。同时，随着要素价格扭曲程度增加，要素成本优势企业的竞争策略就越强硬，市场中参与竞争的企业数量就越少。在此过程中，要素价格扭曲减少了市场中参与竞争的企业数量，抑制了企业的创业活力，从而最终降低了社会中的创业水平。

在此基础上，本节将结合我国社会中微观企业的面板数据，通过计量模型对上述理论影响机制进行实证检验。具体研究思路如下：首先，以我国微观企业的面板数据为观测样本，通过超越对数生产函数测算出不同类型企业之间的相对要素成本差异；其次，采用固定效应（FE）模型，量化分析要素价格扭曲对不同类型企业相对要素成本差异的影响，从而验证要素价格扭曲对创业水平的影响机制。

一、企业类型的划分与要素成本测算

1. 相关概念定义

在进行实证检验之前，为了方便分析和说明，首先需要定义两个相关概念：

（1）相对要素成本。在测算不同企业的要素成本时，并没有直接使用生

产要素的实际价格，而是定义了“相对要素成本”这一概念，相对要素成本是指企业用于生产的某种生产要素的边际产出与其实际价格的相对偏离程度，可通过计算生产要素的边际产出与其实际价格的比值得到，即“相对要素成本=生产要素（假设为K）的边际产出/生产要素（假设为K）的实际价格”，具体测算方法如式（4-17）和式（4-18）所示。

相对要素成本是一个相对的概念，这一数值越大，说明企业的要素成本越低、要素成本优势越明显。相比于直接使用要素价格，相对要素成本这一概念将要素的边际产出纳入了考察的范畴，可以更加真实地观测出企业的要素成本水平。

（2）相对要素成本差异。“相对要素成本差异”是指不同企业之间，同种生产要素的相对要素成本的比值，即“相对要素成本差异=企业1生产要素（假设为K）的相对要素成本/企业2生产要素（假设为K）的相对要素成本”，具体测算方法如式（4-19）和式（4-20）所示。

相对要素成本差异同样是一个相对的概念，它可以衡量企业之间要素成本的差异水平，如果这一比值大于1，说明企业1（相比于企业2）更具有要素成本优势；反之，则说明企业2更具有要素成本优势。

2. 测算模型

为了验证上一节中推导出的要素价格扭曲对创业水平影响机制的合理性，首先需要测算出企业获取各生产要素的相对成本以及不同企业之间的相对要素成本差异。在测算方法和模型的选择上，本书将继续采用超越对数生产函数和最大似然估计法（MLE），具体函数形式如式（4-14）、式（4-15）、式（4-16）、式（4-17）、式（4-18）、式（4-19）、式（4-20）所示。其中，由于无法获得企业在生产过程中使用土地要素的具体数据（土地要素的实际价格和使用量），因此，本节中涉及的生产要素仅包括资本要素和劳动要素。具体方程可表示如下：

$$LnY'_{jt}=\alpha+\beta_1 LnK'_{jt}+\beta_2 LnL'_{jt}+\beta_3\frac{1}{2}Ln^2K'_{jt}+\beta_4\frac{1}{2}Ln^2L'_{jt}+\beta_5 LnK'_{jt}LnL'_{jt}+\varepsilon_{jt} \tag{4-14}$$

式（4-14）中，Y'_{jt}表示企业 j 在 t 时期的总产出（营业收入）水平；K'_{jt}表示企业 j 在 t 时期的固定资产投资净额；L'_{jt}表示企业 j 在 t 时期的劳动力投入（员工）数量，历年的Y'_{jt}、K'_{jt}分别按照工业生产者出厂价格指数和固定资产投资价格指数进行了调整（2003 年 = 100）；ε_{it}为随机误差项。通过式(4-14)，可以求出企业 j 在 t 时期的资本要素和劳动要素的边际产出，分别可表示为：

$$MP_{K',jt} = (\beta_1+\beta_3 LnK'_{jt}+\beta_5 LnL'_{jt})\ Y'_{jt}/K'_{jt} \tag{4-15}$$

$$MP_{L',jt} = (\beta_2+\beta_4 LnL'_{jt}+\beta_5 LnK'_{jt})\ Y'_{jt}/L'_{jt} \tag{4-16}$$

将式（4-14）中各系数的估计结果分别代入式（4-15）和式（4-16）中，可得到资本要素边际产出 $MP_{K'}$和劳动要素的边际产出 $MP_{L'}$。而后，将资本要素和劳动要素的边际产出分别除以其实际价格，即可获得资本和劳动要素的相对要素成本 RCK'_{jt}和 RCL'_{jt}，如式（4-17）和式（4-18）所示：

$$RCK'_{jt} = \frac{MP'_{K',jt}}{r'_{jt}} \tag{4-17}$$

$$RCL'_{jt} = \frac{MP_{L',jt}}{w'_{jt}} \tag{4-18}$$

最后，将不同企业之间的同种生产要素的相对要素成本进行相比，即可得到不同生产要素的相对要素成本差异 $RCK'_{12,jt}$和 $RCL'_{12,jt}$，如式（4-19）和式（4-20）所示：

$$RCK'_{12,jt} = RCK'_{1,jt}/RCK'_{2,jt} = \frac{MP'_{K'_{1,jt}}}{r'_{1,jt}} / \frac{MP'_{K'_{2,jt}}}{r'_{2,jt}} \tag{4-19}$$

$$RCL'_{12,jt} = RCL'_{1,jt}/RCL'_{2,jt} = \frac{MP'_{L'_{1,jt}}}{w'_{1,jt}} / \frac{MP'_{L'_{2,jt}}}{w'_{2,jt}} \tag{4-20}$$

式（4-19）和式（4-20）中，下标 1、2 分别表示具有不同相对要素成本的企业 1 和企业 2；$RCK'_{12,jt}$和 $RCL'_{12,jt}$分别表示企业 1 相对于企业 2 的资本和劳动要素的相对成本差异程度。

根据 $RCK'_{12,jt}$和 $RCL'_{12,jt}$的系数估计值可得到以下信息：①如果 $RCK'_{12,jt}$或 $RCL'_{12,jt}$的值大于 1，说明企业 1 相比于企业 2 更具有资本或劳动要素的相对成本优势；②如果 $RCK'_{12,jt}$或 $RCL'_{12,jt}$的值小于 1，说明企业 2 相比于企业 1 更具有资本或劳动要素的相对成本优势；③如果 $RCK'_{12,jt}$或 $RCL'_{12,jt}$的值等于 1，说明企业 1 和企业 2 的资本或劳动要素的相对成本相等，两类企业之间不存在相对要素成本差异。

3. 样本选择

本节所使用的企业数据来源于 2003～2015 年国泰安研究服务中心库，共计 10651 个数据样本。其中，资本要素的实际价格通过“企业应付利息”与该企业“借款总额”（中央银行借款金额与吸收存款金额之和）之比计算得到。若该项数据缺失，则选择以当年 6 个月到 1 年期企业贷款基准利率的平均值作为该企业资本要素的实际价格，此部分数据来源于中国人民银行和商业银行网站。劳动要素的实际价格用数据库中“企业劳动力平均工资额”表示，并根据居民消费价格指数进行调整（2003 年=100）。

另外，对于不同类型企业的划分，结合我国的具体创业现状，要素成本的相对差异主要发生在不同性质、不同规模和不同地区的企业之间，因此，可将不同类型的企业按照企业性质、企业规模和企业所在地区三个层次进行划分：

所有企业可根据企业所有制的不同将其划分国有企业和创业企业[①]（用私营企业表示）。其中，国有企业共计 1646 个样本，创业企业共计 9005 个样本。

在创业企业内部，可根据创业企业的规模将其划分为规模以上企业和规模以下企业。[②] 其中，规模以上企业共计 7859 个样本，规模以下企业共计 1146 个样本。另外，按照企业所在区位可将其划分为东部企业和中西部企业。[③] 其中，东部地区创业企业共计 6638 个样本，中西部地区创业企业共计 2367 个样本。具体划分方法如表 4-1 所示。

表 4-1　企业类型的划分与样本数量

不同类型企业划分层次						
企业类别	整体企业		创业企业内部			
划分标准	企业性质		企业规模		企业区位	
	国有企业	创业企业	规模以上企业	规模以下企业	东部企业	中西部企业
样本数量	1646	9005	7859	1146	6638	2367

注：表中“创业企业”由国泰安研究服务中心库中的私营企业来表示。

资料来源：国泰安研究服务中心库。

---

① 根据第二章中创业企业的定义，本节采用国泰安研究服务中心库中的私营企业来表示创业企业。

② 对于企业规模的划分，具体方法为：规模以上企业是指 2011 年以前年营业额≥500 万元、2011 年以后年营业额≥2000 万元的企业。规模以下企业是指 2011 年以前年营业额<500 万元、2011 年以后年营业额<2000 万元的企业。

③ 对于企业所在区位的划分，与第二章和第三章的方法相同。

4. 测算结果与分析

在进行测算之前，为了验证超越对数生产函数的合理性，要对式（4-14）中各项参数进行检验，具体检验结果如表 4-2 所示。根据表 4-2 中各项参数的估计结果可以看出，从总体上来看，式（4-14）中各项参数的估计结果都非常显著，全部通过了 1%的显著性检验，且 F 统计值对应的 P 值为 0，表示函数拒绝二次项系数为 0 的零假设（H0：$\beta_3=\beta_4=\beta_5=0$），因此样本数据符合超越对数生产函数的使用条件，这说明选用超越对数生产函数来估计不同类型企业的相对要素成本是合理的。

表 4-2　超越对数生产函数参数估计结果

变量名称	系数	标准差	Z 统计值
$\ln K'(\beta_1)$	-0.4478^{***}	0.0342	-13.10
$\ln L'(\beta_2)$	0.9957^{***}	0.0590	16.89
$1/2\ln^2K'\ (\beta_3)$	0.0454^{***}	0.0025	18.16
$1/2\ln^2L'\ (\beta_4)$	0.0743^{***}	0.0088	8.46
$\ln K'\times\ln L'\ (\beta_5)$	-0.0405^{***}	0.0035	-11.57
$Con(\alpha)$	17.58^{***}	0.3183	55.22
Log Likelihood	1628.31		
LR Chi2(01)	833.71		
Prob>Chi2	0.0000		
N	9743		

注：*** 表示在 1%的统计水平上显著。

之后，根据式（4-14）至式（4-20）的测算方法可分别测算出不同划分层次下不同类型企业之间资本和劳动要素的相对成本 RCK′、RCL′和相对成本差异 RCK'_{12}、RCL'_{12}，具体测算结果和变化趋势如表 4-3 和图 4-7、图 4-8 所示。

表 4-3　不同类型企业相对要素成本差异测量结果

划分层次		要素	年份													
			2003	2004	2005	2006	2007	2008	2009	2010	2011	2012	2013	2014	2015	平均
企业性质	国有企业	资本	10. 9	12. 3	14. 0	10. 0	15. 8	18. 2	18. 4	16. 7	18. 2	18. 0	21. 5	22. 2	28. 3	17. 3
		劳动	9. 5	9. 7	8. 2	10. 1	17. 0	2. 3	3. 9	2. 1	2. 8	3. 7	12. 6	5. 7	4. 3	7. 1
	创业企业	资本	11. 0	11. 3	14. 1	12. 5	14. 0	15. 1	17. 9	16. 6	14. 1	14. 8	18. 2	16. 8	21. 1	15. 2
		劳动	7. 8	4. 1	11. 7	12. 5	15. 1	13. 5	10. 0	8. 6	8. 6	8. 1	12. 9	11. 6	19. 4	11. 1
	相对差异	资本	1. 0	1. 1	1. 0	0. 8	1. 1	1. 2	1. 0	1. 0	1. 3	1. 2	1. 2	1. 3	1. 3	1. 1
		劳动	1. 2	2. 4	0. 7	0. 8	1. 1	0. 2	0. 4	0. 2	0. 3	0. 5	1. 0	0. 5	0. 2	0. 7
企业规模	规模以上	资本	10. 4	10. 2	9. 7	10. 7	12. 4	12. 0	13. 4	14. 3	12. 5	12. 4	13. 3	14. 4	14. 4	12. 3
		劳动	3. 8	3. 1	3. 9	3. 6	4. 0	3. 4	3. 9	3. 4	3. 2	3. 0	3. 5	3. 3	2. 4	3. 4
	规模以下	资本	11. 5	8. 4	8. 5	7. 1	8. 7	8. 9	8. 8	10. 1	10. 7	9. 5	12. 3	11. 9	12. 2	9. 9
		劳动	3. 8	4. 8	3. 4	2. 5	5. 4	5. 4	2. 2	5. 5	2. 6	2. 2	4. 0	3. 5	3. 7	3. 8
	相对差异	资本	0. 9	1. 2	1. 1	1. 5	1. 4	1. 3	1. 5	1. 4	1. 2	1. 3	1. 1	1. 2	1. 2	1. 2
		劳动	1. 0	0. 6	1. 1	1. 4	0. 7	0. 6	1. 8	0. 6	1. 2	1. 4	0. 9	0. 9	0. 6	0. 9
企业区位	东部	资本	11. 8	13. 7	15. 3	16. 1	16. 2	16. 6	19. 4	18. 4	15. 1	16. 5	20. 3	18. 6	23. 1	17. 0
		劳动	3. 8	3. 6	4. 4	15. 6	18. 1	6. 2	8. 8	8. 0	9. 4	8. 3	10. 3	8. 7	7. 7	8. 7
	中西部	资本	11. 1	7. 5	14. 7	6. 8	9. 8	10. 3	14. 3	12. 8	12. 2	10. 6	13. 2	12. 0	16. 7	11. 7
		劳动	3. 7	5. 4	9. 1	6. 9	11. 4	6. 2	8. 9	8. 5	6. 4	9. 3	8. 9	10. 6	7. 4	7. 9
	相对差异	资本	1. 1	1. 8	1. 0	2. 4	1. 7	1. 6	1. 4	1. 4	1. 2	1. 6	1. 5	1. 6	1. 4	1. 5
		劳动	1. 0	0. 7	0. 5	2. 3	1. 6	1. 0	1. 0	0. 9	1. 5	0. 9	1. 2	0. 8	1. 0	1. 1

注：表中“创业企业”特指私营企业。

资料来源：国泰安研究服务中心库。

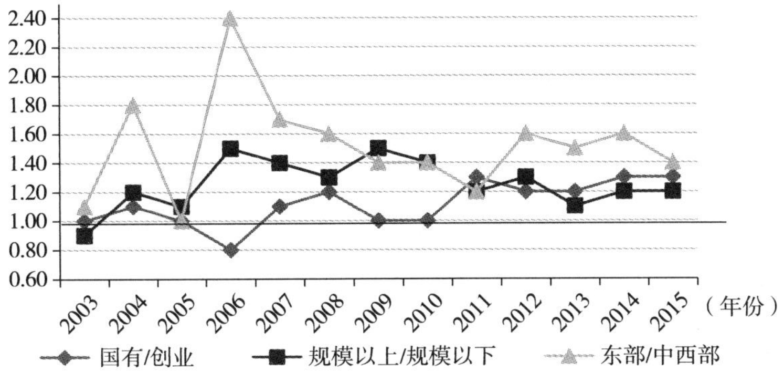

图 4-7 不同类型企业的资本要素相对成本差异走势

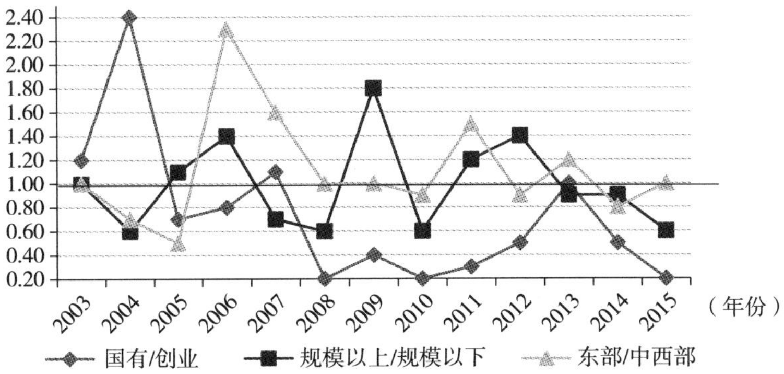

图 4-8 不同类型企业的劳动要素相对成本差异走势

根据表 4-3 中的测算结果和图 4-7、图 4-8 中的变化趋势可以看出，在观测期间，不同划分层次下，不同类型企业的资本、劳动相对要素成本具有非常明显的差异。其中，就资本要素而言，根据图 4-7 所示，“国有/创业”“以上/以下”“东部/中西部”三条相对要素成本差异走势曲线普遍在直线“1”以上浮动（RCK′>1），说明在资本要素市场中，国有企业相较于创业企业、东部创业企业相较于西部创业企业、规模以上创业企业相较于规模以下创业企业更具有相对要素成本优势。根据前文中的理论推导，在要素市场中具有相对成本优势的企业能够通过强硬的竞争策略获取资本要素，并在产品市场的竞争过程中占据有利地位，从而获得较高的经济利润。

反观劳动要素，“国有/创业”“以上/以下”“东部/中西部”三条曲线的变化趋势并没有太多相似之处，其中“国有/创业”曲线在 2007 年以后一直保持在直线“1”以下，“以上/以下”“东部/中西部”两条曲线在观测期间普遍在直线“1”上下浮动，显示出创业企业相较于国有企业更具有相对成本优势；而创业企业内部，不同规模、地区创业企业之间的劳动要素相对成本差异不大。这一结果虽然反映了国有企业的劳动要素成本普遍高于创业企业的经济现实，但并不能说明国有企业在获取劳动要素时处于劣势地位。可能的原因在于：与资本要素的配置方式不同，劳动力的供求双方都是“理性人”，追求的是效用最大化目标。根据我国具体的就业背景，劳动要素尤其是优质劳动要素更加倾向于向“工资高”“待遇好”的国有企业或大型企业流动，高额的劳动报酬拉高了社会整体的劳动成本，导致创业企业尤其是中小微型创业企业“招工难”现象频繁发生。① 因此，在劳动要素的获取上，国有企业相较于创业企业而言更具有竞争优势。

下节将采用实证研究方法量化分析要素价格扭曲对不同类型企业相对要素成本差异的影响，从而在实证研究的角度上进一步完善要素价格扭曲对我国创业的影响机制。

二、要素价格扭曲对不同类型企业要素成本差异的影响

1. 研究假设

首先，在资本要素市场中，改革开放以来，国家为了促进经济的增长，一直实行低利率政策，较低的银行贷款利率有效降低了企业的资本要素成本，激发了市场中的创业活力，显著提高了社会中的创业水平，并创造了大量的经济奇迹。但是，正是由于要素价格扭曲的存在，导致不同企业支付的资本价格存在着明显的差异。根据前文中不同类型企业相对要素成本的测算结果，国有企业相对于创业企业、大型企业相对于中小型企业、东部地区企业相对于中西部地区企业在获取资本要素时更具有相对成本优势，说明要素价格扭曲对国有企业、规模以上创业企业和东部地区创业企业相对要素成本优势的影响更加激烈。因此，根据以上分析，可提出如下研究假设：

假设一：要素价格扭曲对我国整体企业资本要素相对成本的影响系数为正，随着资本市场中价格扭曲程度的增加，企业的资本要素成本优势将会不断扩大。

假设二：要素价格扭曲对我国国有企业、规模以上创业企业、东部地区

① 魏宗凯，周琳，王涛．中小微企业生存实录：招工难—用工贵—税负重—融资累［N］．经济参考报，2013-03-22（5）．

创业企业资本要素相对成本的影响系数更大，随着要素市场中价格扭曲程度的增加，上述企业的资本要素相对成本优势将会逐渐扩大。

其次，在劳动要素市场中，受到要素价格扭曲的影响，不同企业在获取劳动要素时同样存在较大的相对要素成本差异。随着近年来尤其是2010年以来我国劳动要素价格扭曲的正向增加，企业在获取劳动要素时支付的价格与要素边际产出之间的差异不断缩小，劳动要素的相对成本不断增高。在国有企业和创业企业之间，劳动要素的相对成本差异在不断缩小，说明创业企业的相对要素成本对于要素价格扭曲的变化更为敏感；在创业企业内部，要素价格扭曲对企业之间相对要素成本差异的影响并不清晰，需要根据研究结果进行具体分析。根据上述分析，可以提出如下研究假设：

假设三：要素价格扭曲对我国整体企业劳动要素相对成本的影响系数为负，随着劳动市场中价格扭曲程度的增加，企业的劳动要素成本优势将会不断缩小。

假设四：要素价格扭曲对我国国有企业劳动要素相对成本的影响系数更大，随着劳动市场中价格扭曲程度的增加，国有企业的劳动要素相对成本优势将会逐渐扩大。

2. 回归模型

在回归模型的选择上，解释变量与被解释变量之间的内生性问题一直是影响回归结果稳健性的重要原因，也是判断回归模型合适与否的关键。在模型的选择上，各地区的要素价格扭曲程度作为模型中的解释变量主要由区域内的经济因素和制度因素决定，而不受企业相对要素成本的影响，是独立于模型的外生变量，与模型中的被解释变量之间并不构成逻辑上的反向因果（内生性）关系。因此，笔者最终采用双向固定效应（FE）模型（同时固定模型中的地区个体效应和时间效应）进行估计，固定效应模型的一般形式如下：

$$RCK'_{j,it}=\eta_j+f_t+\alpha_K distK_{j,it}+\beta_K ControlK_{j,it}+\varepsilon \quad (4-21)$$

$$RCL'_{j,it}=\eta_j+f_t+\alpha_L distL_{j,it}+\beta_L ControlL_{j,it}+\varepsilon \quad (4-22)$$

模型（4-21）和模型（4-22）中，被解释变量 $RCK'_{j,it}$ 和 $RCL'_{j,it}$ 分别表示i地区企业j在t时期的资本和劳动要素相对成本；解释变量 $distK_{j,it}$ 和 $distL_{j,it}$ 分别表示t时期企业j所在地区（城市）i的资本和劳动要素价格扭曲程度；$ControlK_{j,it}$ 和 $ControlL_{j,it}$ 为控制变量矩阵，分别表示t时期企业j所在地区（城市）i中影响不同类型企业资本和劳动要素相对成本的各种因素；η_j 为个体效应，用来捕捉企业异质性的影响；f_t 为时间效应，用来捕捉共同冲击的影响；ε 为随机误差项。

模型（4-21）和模型（4-22）中，解释变量 $distK_{j,it}$ 和 $distL_{j,it}$ 的系数 α_K 和 α_L 分别表示资本和劳动要素价格扭曲对不同类型企业相对（资本和劳动）要素成本的影响程度，根据 α_K 和 α_L 的测算结果可得到以下信息：

（1）如果 α_K 和 α_L 的值大于 0，此时要素价格扭曲促进了企业生产要素边际产出相对于实际价格的偏离程度，增加了企业的要素成本优势。

（2）如果 α_K 和 α_L 的值小于 0，此时要素价格扭曲缩小了企业生产要素边际产出相对于实际价格的偏离程度，减少了企业的要素成本优势。

（3）如果 α_K 和 α_L 的值大于 0，且（在同种划分层次下）企业 1 的 α_{K_1}（或 α_{L_1}）大于企业 2 的 α_{K_2}（或 α_{L_1}），即 $\alpha_{K_1}/\alpha_{K_2}>1$（或 $\alpha_{L_1}/\alpha_{L_2}>1$），此时要素价格扭曲对企业 1 更为有利；反之则对企业 2 更为有利。

（4）如果 α_K 和 α_L 的值小于 0，且（在同种划分层次下）企业 1 的 α_{K_1}（或 α_{L_1}）大于企业 2 的 α_{K_2}（或 α_{L_1}），即 $\alpha_{K_1}/\alpha_{K_2}>1$（或 $\alpha_{L_1}/\alpha_{L_2}>1$），此时要素价格扭曲对企业 2 更为有利；反之则对企业 1 更为有利。

（5）如果（在同种划分层次下）企业 1 的 α_{K_1}（或 α_{L_1}）与企业 2 的 α_{K_2}（或 α_{L_1}）符号不同，即 $\alpha_{K_1}/\alpha_{K_2}<0$（或 $\alpha_{L_1}/\alpha_{L_2}<0$），此时要素价格扭曲对 α_K（或 α_L）符号为正的企业更为有利。

3. 变量定义

（1）解释变量。解释变量为企业所在地区的资本和劳动要素价格扭曲程度，分别用 $distK_{j,it}$、$distL_{j,it}$ 表示，由第三章第三节测算得到。

（2）被解释变量。被解释变量为不同类型企业资本和劳动要素的相对成本，分别用 $RCK'_{j,it}$、$RCL'_{j,it}$ 表示，由第四章第三节测算得到。

（3）控制变量。控制变量矩阵 $ControlK_{j,it}$ 和 $ControlL_{j,it}$ 分别表示影响企业资本和劳动要素相对成本的各种区域因素。其中，影响企业资本要素相对成本的区域控制变量包括固定资产投资（Ifa）、实际使用外资数量（Fdi）、工业总产值（Ind）和 GDP 年均增长率（Glo）；影响企业劳动要素相对成本的区域控制变量包括经济活动人口（Pop）、居民人均收入（Pci）、居民人民币储蓄存款余额（Sav）和社会消费品零售总额（Com）。以上数据均来源于《中国城市统计年鉴》。

在进行测算之前，需要以 2003 年不变价格为基期，对上述（名义）价格变量进行调整。具体调整方法如下：第一，在资本要素相对成本的影响因素中，地区实际使用外资数量首先根据国家统计局公布的汇率换算成同期人民币价格，然后将换算后的外资使用数量按照固定资产投资价格指数进行调整；固定资产投资按照固定资产投资价格指数进行调整；工业总产值按照工业生产者出厂价格指数进行调整。第二，在劳动要素相对成本的影响因素中，居民人均收入、居民人民币储蓄存款余额按照 GDP 指数进行调整；社会消费品零售总额按照商品零售价格指数进行调整。第三，为了减轻异常观测值对回归结果的影响，模型内所有的非虚拟变量、非百分比（比值）变量均取其自然对数形式。

调整后各变量的描述性统计结果如表 4-4 所示。

表 4-4　变量描述性统计结果

变量用途	变量名称	单位	最小值	最大值	平均值	标准差	样本数
被解释变量	RCK′	比值	0. 05	191. 86	15. 32	17. 65	10643
	RCL′	比值	0. 02	25. 14	6. 51	7. 04	10651
解释变量	distK	比值	0. 51	57. 34	6. 72	2. 43	10628
	distL	比值	0. 06	12. 55	1. 31	0. 89	10601
资本要素相对成本控制变量	Ifa	万元	99241. 72	9. 5E+07	1. 5E+07	1. 5E+07	10644
	Fdi	万元	42. 54	9. 6E+06	1. 5E+06	1. 9E+06	10417
	Ind	万元	83449. 27	2. 6E+08	5. 8E+07	6. 6E+07	10646
	Glo	百分比	-0. 16	3. 84	0. 13	0. 18	10651
劳动要素相对成本控制变量	Pop	万人	30. 71	2129. 09	408. 06	418. 62	10651
	Pci	元	1995. 34	144846. 00	26121. 11	15317. 52	10398
	Sav	万元	135373. 42	6. 5E+07	1. 3E+07	1. 8E+07	10568
	Com	万元	102222. 61	8. 2E+07	1. 5E+07	1. 9E+07	10642

注：表中各项数据为按照各类价格指数调整后的统计结果。

4. 测算结果与分析

将企业面板数据代入式（4-21）和式（4-22）中，可得到要素价格扭曲对我国不同类型企业相对要素成本的影响，回归结果如表 4-5 所示。为了节省篇幅，本书在表 4-5 省略了将各项控制变量的回归结果。在分析之前，本书对固定效应模型的有效性进行了显著性检验和 Hausman 检验，结果如下：

表 4-5　要素价格扭曲对不同类型企业相对要素成本影响的回归结果

变量	企业性质				企业规模				企业区位			
	国有		创业		规模以上		规模以下		东部		中西部	
	资本	劳动	资本	劳动	资本	劳动	资本	劳动	资本	劳动	资本	劳动
	模型 1	模型 2	模型 3	模型 4	模型 5	模型 6	模型 7	模型 8	模型 9	模型 10	模型 11	模型 12
distK	0. 19** (0. 11)	—	0. 13** (0. 07)	—	0. 40*** (0. 11)	—	0. 32*** (0. 11)	—	0. 63*** (0. 22)	—	0. 59*** (0. 08)	—
distL	—	-1. 23** (0. 62)	—	-1. 24** (0. 65)	—	-1. 36* (0. 79)	—	-1. 23* (0. 68)	—	-2. 13*** (0. 67)	—	-1. 27*** (0. 44)
Cons	-4. 29 (4. 28)	-3. 81 (3. 42)	-1. 15*** (0. 41)	1. 72* (0. 94)	2. 01*** (0. 09)	1. 41*** (0. 06)	-2. 11 (2. 21)	-9. 81* (5. 29)	-4. 95** (2. 11)	1. 96*** (0. 13)	1. 01*** (0. 35)	3. 71*** (0. 98)
控制变量	控制	控制	控制	控制	控制	控制	控制	控制	控制	控制	控制	控制
个体效应	控制	控制	控制	控制	控制	控制	控制	控制	控制	控制	控制	控制
时间效应	控制	控制	控制	控制	控制	控制	控制	控制	控制	控制	控制	控制
F 检验	13. 77 (0. 00)	14. 01 (0. 00)	11. 62 (0. 00)	14. 22 (0. 00)	7. 25 (0. 00)	7. 57 (0. 00)	7. 50 (0. 00)	7. 04 (0. 00)	1. 90 (0. 01)	1. 87 (0. 01)	1. 92 (0. 01)	1. 95 (0. 01)
Hausman	0. 00	0. 00	0. 00	0. 00	0. 00	0. 00	0. 00	0. 00	0. 00	0. 00	0. 00	0. 00
R^2	0. 38	0. 38	0. 50	0. 42	0. 41	0. 34	0. 41	0. 40	0. 45	0. 40	0. 45	0. 44
N	815	835	5316	5145	3742	3717	780	782	3201	3133	1304	1297

注：①*、** 和 *** 分别表示在 10%、5%和 1%的统计水平上显著；②括号内数值为各系数的标准误；③“F 检验”表示固定效应模型中的 F 统计值和相应 P 值；④“Hausman”表示 Hausman 检验的 P 值；⑤表中“创业企业”特指私营企业；⑥“—”表示在该模型中，并不包含本项回归结果。

（1）固定效应模型显著性检验。固定效应模型显著性检验是检验模型中固定效应系数是否有差异，原假设（H0）是“面板数据模型不存在固定影响效应”而备择假设（H1）是“面板数据模型存在固定影响效应”，检验结果如表 4-5 中“F 检验”所示。根据“F 检验”得到的结果可知，F 检验的 p 值小于 1%，因此拒绝固定效应系数相同的原假设，说明式（4-21）和式(4-22)中存在固定效应。

（2）Hausman 检验。Hausman 检验的原假设是随机效应模型的系数与固定效应模型的系数没有差别，如果接受原假设，表明应该选择随机效应模型，否则就应该选择固定效应模型。根据表 4-5 中的“Hausman 检验”结果可知，Hausman 检验的 p 值均在 1%的显著性水平下拒绝原假设，说明选用固定效应模型优于随机效应模型。因此，选择使用同时控制区域效应和时间效应的双向固定效应模型进行实证分析是非常合理的。

根据表 4-5 中的回归结果可以发现，要素价格扭曲对我国整体企业资本要素相对成本的影响系数 α_K 均大于 0，并且全部通过了至少 10%的显著性检验，从而验证了假设一，而对劳动要素相对成本的影响系数 α_L 均小于 0，影响效果同样十分显著，从而验证了假设三，说明随着要素价格扭曲程度的提高，我国企业在获取资本要素时支付的成本（相对于资本要素边际产出）不断缩小，而在获取劳动要素时支付的成本（相对于劳动要素边际产出）不断增大。根据第三章要素价格扭曲程度的测算结果，近年来我国资本和劳动要素的价格扭曲程度分别呈现出下降和上升的趋势，说明要素价格扭曲正在不断缩小企业的相对要素成本，降低单位生产要素创造的经济利润，客观反映了我国企业“创业难”的现状。

在不同类型的企业之中，通过对比国有企业和创业企业的回归结果（见表 4-5 中的模型 1、模型 2、模型 3、模型 4），可以发现，对于资本要素而言，要素价格扭曲对国有企业相对要素成本的影响系数明显大于创业企业的影响系数，说明随着我国要素价格扭曲程度的上升，国有企业在获取资本要素时（相对于创业企业）更具有成本优势，从而验证了假设二。反观劳动要素，国有企业相对成本的影响系数略低于创业企业的影响系数，说明虽然目前国有企业劳动要素的平均相对成本较高，但在要素价格扭曲的影响下，创业企业劳动要素相对成本上升的速度更快、获取劳动要素的难度更大，从而验证了假设四。

在创业企业内部（见表 4-5 中的模型 5、模型 6、模型 7、模型 8、模型

9、模型10、模型11、模型12），对于资本要素而言，规模以上企业相对于规模以下企业、东部地区企业相对于中西部地区企业在获取资本要素时更具有相对成本优势，并且这一优势随着要素价格扭曲程度的上升而不断扩大。对于劳动要素而言，这一结果恰好相反，要素价格扭曲反而扩大了规模以下企业和中西部地区企业的相对成本优势，说明在要素价格扭曲的影响下，规模以上企业、东部地区企业劳动要素成本上升的速度更快。可见，即便同为创业企业，但是由于企业规模和区位的不同，不同类型的企业在获取劳动要素时同样面临着巨大的相对成本差异。

综上所述，要素价格扭曲对不同类型企业相对要素成本具有非常显著的影响，造成了不同类型企业在获取相同生产要素时的相对成本差异。就资本要素而言，国有企业相对于创业企业、规模以上企业相对于规模以下企业、东部地区企业相对于中西部地区企业在获取资本要素时更具有相对成本优势，在资本市场的竞争力更大，并且这一优势将随着我国要素价格扭曲程度上升而不断扩大；对于劳动要素而言，这一结果恰好相反，但是由于劳动要素具有自主选择权力，相对要素成本较高的企业并不意味着在获取劳动要素时处于劣势，反而对“优质”劳动要素的需求更大。

根据以上研究结果，并且结合本章第二节中的理论推导，可以得出如下研究结论：首先，在利润最大化的驱动下，具有相对要素成本优势的企业往往会选择以强硬的手段驱逐或遏制市场中现存或潜在的创业企业参与市场竞争，从而获得更高的经济利润。其次，要素市场中的价格扭曲现象不但造成了不同类型企业之间的相对成本差异，而且还赋予了要素成本优势企业“驱逐”劣势企业的动机和能力。最后，在要素价格扭曲的影响下，创业难度将大幅增加，市场中的潜在创业企业将大量流失，社会中的创业积极性和创业水平也将受到严重抑制。

至此，通过理论和实证分析，本书已经验证了要素价格扭曲对创业水平的传导路径，以及两者之间的影响机制。

第四节　本章小结

本章采用理论和实证相结合的研究方法，系统梳理和论证了要素价格扭曲对我国创业的影响机制。

首先，根据理论分析结果，在要素价格扭曲的影响下，要素市场中各类生产要素的边际产出与实际价格发生相对偏离，导致同种生产要素在不同企业之间的价格出现相对差异。在要素市场中具有相对成本优势的企业将会在利润最大化的驱使下采取强硬的竞争策略获取生产要素，并在产品市场的竞争中通过改变生产决策驱逐或遏制潜在企业参与竞争，从而获得更高的长期经济利润。同时，随着要素价格扭曲程度的增加，要素成本优势企业的竞争策略就越强硬，对成本劣势企业的驱逐动机和能力就越强。在此过程中，随着市场中创业难度大幅上升，企业的创业动机受到抑制，社会大众的创业活力大幅下降，“双创”战略在我国的实施也将因此受到严重阻碍。

其次，在理论分析的基础之上，本书进一步通过实证研究方法对影响机制进行了论述。研究结果显示，受到要素价格扭曲的影响，我国不同类型的企业在获取相同生产要素时具有很大的成本差异：其中，国有企业相对于创业企业、规模以上企业相对于规模以下企业、东部地区企业相对于中西部地区企业具有明显的要素竞争优势，并且这一优势将随着要素价格扭曲程度的增加而扩大。由此可见，要素价格扭曲不但导致了不同类型企业之间的相对成本差异，而且造成企业间要素竞争的不平衡，违背了市场中的公平竞争原则，同时还赋予了要素成本优势企业驱逐或遏制要素成本劣势企业参与竞争的动机和能力。

最后，根据以上研究结果，本书最终得到了以“企业”为介质、以“要素价格扭曲→要素成本差异→创业动机→创业活力→创业水平”为传导路径的完整影响机制。在此基础上，本书将在第五章的研究中结合区域创业水平和要素价格扭曲程度的测算结果，通过实证研究方法，从宏观的角度系统检验要素价格扭曲对我国区域创业水平的影响，并观测这一影响在我国不同地区（东部地区、中部地区、西部地区）间的分布差异，从而得到更加完整和稳健的研究结论。

第五章　中国要素价格扭曲对区域创业水平影响的实证检验

在理论分析与实证检验要素价格扭曲对我国创业水平的影响机制的基础上，本章将结合第二章中测算出的创业参与视角下创业水平 ES1、创业活力视角下创业水平 ES2、创业规模视角下创业水平 ES3 和第三章中测算出的资本要素价格扭曲程度 distK、劳动要素价格扭曲程度 distL、土地要素价格扭曲程度 distE，实证分析中国要素价格扭曲对区域创业水平的影响，并观察这一影响在我国不同地区（东部、中部、西部地区）的差异。本章的具体研究思路如下：

首先，根据我国的创业背景和现状提出研究假设。其次，选择解释变量、被解释变量以及各类控制变量，并阐述样本数据的具体定义和数据来源。再次，在保证统计口径一致性的前提下对模型中的样本数据进行适当调整，并选择符合研究的回归模型。最后，采用实证研究方法检验和分析要素价格扭曲对我国总体和不同地区创业水平的影响，并采用更换回归模型和替换被解释变量两种方式对研究结果进行稳健性检验。

第一节　研究假设

根据第四章“要素价格对创业的影响机制”的研究可以看出，要素价格扭曲沿着“要素价格扭曲→要素成本差异→创业动机→创业活力→创业水平”的传导路径扭曲了市场中的价格信号，改变了不同企业之间的相对要素成本，增加了创业企业、规模较小企业和中、西部企业的创业难度，从而最终影响了我国的创业水平。可见，要素价格扭曲对创业水平具有显著的负向抑制作用。鉴于此，可提出研究假设：

假设五：要素价格扭曲对我国创业水平具有负向作用。

结合前文中我国创业水平和要素价格扭曲程度的测算结果和变化趋势可以看出：从全国总体来看，首先，我国资本市场中的价格扭曲程度在 21 世纪初呈现出明显的下降趋势，但是在 2010 年以后下降趋势不再明显，稳定保持在 3.0~4.0，期间有所反弹；其次，在观测期间，随着劳动要素实际价格的上升，劳动要素价格扭曲程度呈现出先负向减小、后正向增大的变化趋势，临界点发生在 2011 年前后；最后，土地要素价格扭曲程度的变化幅度相对平稳，基本保持在 0.24 左右，期间并无太大波动。

在资本、劳动、土地要素价格扭曲的影响下，不同观测视角下的创业水平呈现出了不同的变化趋势。在观测期间，创业参与视角下的创业水平呈现出先上升、后逐渐平稳的变化趋势，与资本要素价格扭曲程度的变化趋势之间显著负相关，说明资本要素价格扭曲是抑制创业参与的重要因素；创业活力视角下的创业水平呈现出先上升、后减小的变化趋势，与劳动要素价格扭曲的变化趋势之间显著负相关，说明劳动要素价格扭曲对创业活力具有显著的抑制作用；创业规模视角下的创业水平呈现出先上升、后下降、再上升的变化趋势，与资本、劳动、土地要素价格扭曲程度的变化趋势不相关，因此需要根据研究结果进一步分析。根据以上分析，可提出研究假设：

假设六：资本要素价格扭曲对我国创业水平具有明显的负向作用，并且对创业参与视角下创业水平的影响最为显著。

假设七：劳动要素价格扭曲对我国创业水平具有明显的负向作用，并且对创业活力视角下创业水平的影响最为显著。

假设八：土地要素价格扭曲对我国创业水平具有负向作用，但影响效果并不显著。

第二节　研究设计

一、变量定义与数据来源

1. 解释变量

解释变量为中国 261 个城市的要素价格扭曲程度，即资本要素价格扭曲程度，劳动要素价格扭曲程度和土地要素价格扭曲程度，分别用 distK、distL、 distE 表示。测算方法和测算结果参见第三章第三节。

2. 被解释变量

被解释变量为在三个观测视角下测算的中国区域创业水平，即创业参与视角下区域创业水平，创业活力视角下区域创业水平和创业规模视角下区域创业水平，分别用 ES1、ES2、ES3 表示。测算方法和测算结果参见第二章第三节。

3. 控制变量

由于区域创业水平的影响因素很多，所以为了更加准确度量出要素价格扭曲对区域创业水平的影响，还应对模型中的变量进行更多、更全面的控制。在梳理创业水平的各类影响因素①之后，本书选择的控制变量共有三类，具体含义如下：

首先，制度变迁因素。制度变迁因素是中国改革开放 40 多年来市场化程度不断提高和中国向市场经济体制不断转型的重要标志，对我国的创业发展具有非常重要的作用（张维迎、盛斌，2005）。本书采用地区实际使用外资数量和政府财政预算收入占 GDP 比重作为衡量不同城市的市场对外开放程度和政府规模大小的控制变量，分别用 Fdi 和 Gov 表示。

其次，要素禀赋因素。要素禀赋因素中包含着创业活动开始后所需要的各类生产要素（资本、劳动、能源以及相应的技术等），是影响创业成功和未来发展的关键因素之一（Klink，2001；张维迎、盛斌，2005）。因此，本书采用地区经济活动人口总量和工业总产值作为衡量可供企业使用的生产要素的控制变量，用以体现不同城市的劳动力数量和技术水平，分别用 Pop 和 Ind 表示。

最后，市场环境因素。市场环境是指企业创业行为开展后，影响其所提供产品与服务的生产和销售的一系列外部因素。市场环境因素中的控制变量相对较多，但总体可以分为社会经济因素、社会服务因素和社会福利因素三类（袁红林、蒋含明，2013），具体如下：①经济因素方面，使用城市 GDP 年均增长率以及居民人民币储蓄存款余额来反映经济规模的大小，分别用 Glo 和 Sav 表示；使用社会消费品零售总额来体现市场消费水平，用 Com 表示。②社会服务方面，使用年末实有城市道路面积、年末实有公共汽（电）车营运车辆数、货运总量和客运总量衡量社会服务程度，分别用 Rod、Bus、Fre

① 具体参见第一章文献综述部分。

和 Mes 表示。③社会福利方面，使用高校在校学生数、医院床位数和图书馆藏书量来衡量城市的教育、卫生和文化水平，分别用 Stu、Bed 和 Bok 表示（Romero，2013；Fritsch and Wyrwich，2014）。

模型中各类变量的定义与数据来源如表 5-1 所示。

表 5-1　变量定义与数据来源

变量名称		变量说明	变量用途	数据来源
被解释变量	ES1	创业企业雇佣人数占比	作为衡量区域创业水平的代理变量	《中国城市统计年鉴》
	ES2	创业企业数量年增长率		《中国企业年鉴》
	ES3	创业企业注册资金年增长率		《中国私营经济年鉴》
解释变量	distK	资本价格扭曲程度	作为衡量要素价格扭曲程度的代理变量	《中国城市统计年鉴》
	distL	劳动价格扭曲程度		《中国城市统计年鉴》
	distE	土地价格扭曲程度		《中国城市统计年鉴》
控制变量	Fdi	实际使用外资数量	制度变迁因素	《中国城市统计年鉴》
	Gov	财政预算收入占 GDP 比重		《中国城市统计年鉴》
	Pop	经济活动人口	要素禀赋因素	《中国城市统计年鉴》
	Ind	工业总产值		《中国城市统计年鉴》
	Glo	GDP 年均增长率	社会经济因素	《中国城市统计年鉴》
	Sav	居民人民币储蓄存款余额		《中国城市统计年鉴》
	Com	社会消费品零售总额		《中国城市统计年鉴》
	Rod	年末实有城市道路面积	社会服务因素	《中国城市统计年鉴》
	Bus	年末实有公共汽（电）车营运数量		《中国城市统计年鉴》
	Fre	货运总量		《中国城市统计年鉴》
	Mes	客运总量		《中国城市统计年鉴》
	Stu	高校在校学生数	社会福利因素	《中国城市统计年鉴》
	Bed	医院床位数		《中国城市统计年鉴》
	Bok	图书馆藏书量		《中国城市统计年鉴》

二、数据调整与描述性统计

由于回归模型中不同变量的统计口径存在较大差异，因此需要对模型中的样本数据做出以下几方面调整：第一，以2000年不变价格为基期，将实际使用外资数量换算成同期人民币价格，然后再按照固定资产投资价格指数进行调整。第二，以2000年不变价格为基期，将工业总产值按照工业生产者出厂价格指数进行调整。第三，以2000年不变价格为基期，将财政收入、居民人民币储蓄存款余额按照GDP指数进行调整；将社会消费品零售总额按照商品零售价格指数进行调整。第四，对上述变量取自然对数。

另外，由于模型中被解释变量ES2和ES3使用的是省级口径的面板数据，为了确保统计口径的一致性，需要对模型中的样本数据进行调整。具体调整方法如下：首先，将模型中的比值变量如要素价格扭曲程度、财政预算占GDP比重、GDP增长率等根据不同城市所在的省进行均值计算，得到每个省的平均值；其次，将模型中的数值变量如实际使用外资数量、经济活动人口、工业总产值、居民人民币储蓄存款余额等按照不同城市所在省进行求和计算，得到每个省的总和，并取自然对数。

调整后的全国总样本和分区域子样本变量的描述性统计结果分别如表5-2和表5-3所示。

表5-2　全国总样本变量描述性统计结果

变量名称	变量单位	最小值	最大值	平均值	标准差	样本数
ES1	比值	0.01	0.89	0.38	0.15	4143
ES2	比值	-0.03	0.49	0.16	0.07	355
ES3	比值	0.02	0.90	0.31	0.12	324
distK	比值	0.51	57.34	5.88	3.80	4164
distL	比值	0.06	12.55	1.49	1.01	4144
distE	比值	0.00	0.80	0.24	0.18	784
Fdi	亿元	0	962.54	22.74	66.99	3869
Gov	比值	0.00	0.34	0.07	0.03	4169
Pop	百万人	0.16	21.29	1.38	1.70	4175
Ind	百亿元	0.02	261.64	9.39	22.02	4172
Glo	比值	-0.45	3.84	0.13	0.11	4175
Sav	百亿元	0.01	65.40	2.34	5.53	4157
Com	百亿元	0.01	82.22	2.61	6.00	4142
Rod	百万平方米	0.06	214.90	13.28	19.03	4155

续表

变量名称	变量单位	最小值	最大值	平均值	标准差	样本数
Bus	千辆	0.02	31.72	1.20	2.56	4163
Fre	亿吨	0.01	160.14	1.18	4.56	4173
Mes	千万人	0.06	201.72	8.79	13.37	4174
Stu	万人	0	104.32	6.59	12.28	3962
Bed	千张	0.24	120.10	8.00	11.20	4167
Bok	十万本	0.03	750.55	15.89	52.58	4152

注：表中各项数据为按照2000年不变价格进行调整后的统计结果。

三、回归模型构建

1. 全国总样本回归模型

由于采用2000~2015年中国30个省和261个城市的面板数据，时间跨度较长，而且由于不同地区的地理位置、社会文化以及地方制度等环境因素的不同可能会对区域创业水平产生不同程度的影响，因此推测各地区的创业水平是一个动态变化的过程，区域创业水平不仅取决于当前的各种因素，而且还可能受到过去某些因素的影响，即可能存在路径依赖问题。因此在选择具体的实证研究模型上，本节将采用动态面板模型（GMM）进行估计。

根据Arellano和Bond（1991）的理论，GMM估计法的基本思路可以分为两步：第一步是对回归方程进行一阶差分变换以消除固定效应，第二步是将滞后变量作为差分方程中相应内生变量的工具变量来估计差分方程，由此得到的估计量为一阶差分广义矩估计量（DIF-GMM）。但是DIF-GMM估计法比较容易受到弱工具变量和小样本误差的影响，Arellano和Bover（1995）、Blundell和Bond（1998）分别在此基础上进一步提出了系统广义矩估计量（SYS-GMM）。SYS-GMM估计量在DIF-GMM估计量的基础上进一步使用了水平方程的矩条件，同时尽可能多地利用到了差分和水平方程中的信息，并增加一组滞后的差分变量作为水平方程中相应变量的工具，在处理模型内生性问题方面具有较大的优势。因此，本书采用两步法系统动态面板模型（SYS-GMM）来检验要素价格扭曲对我国总体创业水平的影响。SYS-GMM模型的一般形式如下：

$$ES_{it} = \eta_i + f_t + \alpha ES_{i,t-1} + \beta_m Distort_{it} + \beta_n Control_{it} + \varepsilon \quad (5-1)$$

表 5-3　分区域子样本变量描述性统计结果

变量	东部地区				中部地区				西部地区			
	最小值	最大值	平均值	标准差	最小值	最大值	平均值	标准差	最小值	最大值	平均值	标准差
ES1	0.01	0.89	0.40	0.16	0.02	0.87	0.37	0.15	0.05	0.77	0.37	0.14
ES2	-0.03	0.32	0.14	0.06	0.05	0.33	0.17	0.06	0.01	0.49	0.16	0.08
ES3	0.04	0.82	0.30	0.11	0.10	0.73	0.32	0.11	0.02	0.9	0.32	0.13
distK	0.51	57.34	6.36	3.89	1.05	43.69	5.58	3.86	1.11	40.02	5.59	3.44
distL	0.20	12.55	1.49	0.98	0.20	10.58	1.50	1.04	0.06	9.79	1.48	1.00
distE	0.01	0.80	0.29	0.19	0.00	0.38	0.14	0.12	0.01	0.53	0.19	0.16
Fdi	0.00	962.54	44.38	96.34	0.00	292.87	9.31	23.21	0.00	489.55	8.73	41.30
Gov	0.01	0.26	0.08	0.03	0.00	0.3433	0.07	0.04	0.00	0.18	0.06	0.03
Pop	0.24	13.76	1.72	2.02	0.18	8.01	1.06	0.90	0.16	21.29	1.35	1.98
Ind	0.04	261.60	17.00	32.00	0.03	81.82	4.40	7.70	0.02	168.50	4.90	11.00
Glo	-0.33	3.84	0.13	0.15	-0.45	1.04	0.12	0.06	-0.27	0.63	0.13	0.05
Sav	0.01	65.40	4.00	8.20	0.02	13.21	1.20	1.70	0.03	24.76	1.50	2.70
Com	0.06	82.22	4.20	8.40	0.03	35.41	1.50	2.90	0.01	43.27	1.80	4.00
Rod	0.58	214.90	19.84	25.26	0.41	90.27	8.95	9.94	0.06	161.28	9.58	14.98

续表

变量	东部地区				中部地区				西部地区			
	最小值	最大值	平均值	标准差	最小值	最大值	平均值	标准差	最小值	最大值	平均值	标准差
Bus	0. 02	31. 72	1. 82	3. 66	0. 05	8. 30	0. 75	1. 07	0. 03	19. 78	0. 92	1. 71
Fre	0. 06	160. 14	1. 63	6. 98	0. 01	27. 24	0. 86	1. 16	0. 02	38. 16	0. 97	2. 39
Mes	0. 16	201. 72	11. 15	15. 68	0. 33	104. 90	6. 34	5. 81	0. 06	171. 39	8. 86	16. 85
Stu	0. 03	104. 32	7. 82	13. 36	0. 00	96. 64	5. 62	11. 26	0. 00	76. 71	6. 09	11. 83
Bed	0. 56	117. 50	10. 00	14. 08	0. 24	60. 60	6. 35	7. 28	0. 66	120. 10	7. 39	10. 59
Bok	0. 09	750. 55	27. 92	81. 10	0. 03	121. 09	7. 64	14. 30	0. 15	108. 75	9. 47	15. 78

注：①表中各项数据为按照 2000 年不变价格调整后的统计结果；②表中各变量的单位与表 5-2 中相同。

模型（5-1）中，ES_{it}为被解释变量矩阵，包含着三种不同观测视角下地区 i 在 t 时期的创业水平 ES1、ES2 和 ES3；ES_{it-1}为被解释变量 ES_{it-1}的一期滞后项，作为差分方程中的工具变量；$Distort_{it}$为解释变量矩阵，包含着地区 i 在 t 时期的资本、劳动和土地要素价格扭曲程度 distK、distL、distE；$Control_{it}$为模型中的控制变量矩阵，包含着对区域创业水平造成影响的各类因素；η_i 为个体效应，用来捕捉地区异质性的影响；f_t 为时间效应，用来捕捉共同冲击的影响；ε 为随机误差项。

2. 分区域子样本回归模型

为了观测资本、劳动和土地要素价格扭曲对我国创业水平影响的区域差异，需要将全国总样本划分为东部、中部、西部三个子样本。在三个子样本中，东部地区包含 11 个省、共计 101 个城市，中部地区包含 8 个省、共计 99 个城市，西部地区包含 11 个省、共计 61 个城市。但是，在划分为三个子样本之后，每个子样本由于数据量的减少，已不再符合 SYS-GMM 模型对数据量的要求。因此，在观测要素价格扭曲对创业水平影响的区域差异时，本书采用双向固定效应（FE）模型对分区域子样本进行估计，模型的一般形式如下：

$$ES_{a,it}=\eta_i+f_t+\beta_m Distort_{a,it}+\beta_n Control_{a,it}+\varepsilon \quad (5-2)$$

模型（5-2）中，下标 a 表示东部、中部和西部三个地区，i 表示地区 a 中的省或城市，t 表示观测时期；$ES_{a,it}$、$Distort_{a,it}$和 $Control_{a,it}$分别表示被解释变量矩阵、解释变量矩阵和控制变量矩阵，具体含义、构成以及测算方法均与模型（5-1）中相同；η_i 为个体效应，用来捕捉地区异质性的影响；f_t 为时间效应，用来捕捉共同冲击的影响；ε 为随机误差项。

第三节　回归结果与分析

一、全国总体回归结果

本书将调整后的各变量面板数据代入模型（5-1）中，采用 SYS-GMM 模型分析要素价格扭曲对创业参与、创业活力和创业规模视角下区域创业水平的影响，回归结果如表 5-4 所示。另外，由于模型中的控制变量并不是研究的重点，因此表 5-4 中省略了模型中各项控制变量对创业水平的具体影响结果。

表 5-4　要素价格扭曲对创业水平影响的总体回归结果

变量	ES1：创业企业雇佣人数占比			ES2：创业企业数量年增长率			ES3：创业企业注册资金年增长率		
	资本要素	劳动要素	土地要素	资本要素	劳动要素	土地要素	资本要素	劳动要素	土地要素
	模型 13	模型 14	模型 15	模型 16	模型 17	模型 18	模型 19	模型 20	模型 21
L1. ES	0.402*** (0.062)	0.389*** (0.060)	0.422*** (0.031)	0.138* (0.075)	0.105 (0.081)	0.134** (0.066)	0.264*** (0.050)	0.364*** (0.053)	0.328*** (0.058)
distK	-0.003*** (0.001)	—	—	-0.008** (0.004)	—	—	-0.013** (0.006)	—	—
distL	—	-0.012** (0.006)	—	—	-0.004*** (0.002)	—	—	-0.011** (0.005)	—
distE	—	—	-0.300 (0.222)	—	—	-4.734 (3.016)	—	—	-2.068 (1.874)
Cons	-0.191 (0.150)	-0.218 (0.168)	-0.288* (0.156)	0.861** (0.347)	1.629*** (0.309)	2.520** (1.159)	-0.253 (0.459)	0.245 (0.272)	0.872 (0.864)
控制变量	控制	控制	控制	控制	控制	控制	控制	控制	控制
AR（1）	0.000	0.000	0.000	0.005	0.010	0.005	0.003	0.001	0.001
AR（2）	0.567	0.337	0.576	0.920	0.125	0.945	0.125	0.135	0.116
Sargan	0.217	0.154	0.179	0.262	0.205	0.338	0.157	0.148	0.162
N	3071	3044	596	266	260	266	240	234	240

注：①*、**和***分别表示在10%、5%和1%的统计水平上显著，括号内数值为各系数的标准误；②AR（1）和AR（2）分别表示SYS-GMM模型中一阶序列和二阶序列相关检验的P值；③Sargan表示工具变量过度识别检验的P值；④“—”表示在该模型中，并不包含本项回归结果。

在分析之前，我们同样要对模型的有效性进行检验。从检验结果来看，表 5-4 中的 Arellano-Bover AR（1）和 AR（2）检验结果表明，各列回归结果的残差序列均存在显著的一阶自相关，但不存在二阶自相关。进一步，由 Sargan 过度识别检验可知，各列回归结果构造的工具变量也是有效的。

不过需要注意的是，对于样本量而言，我们构造的工具变量数量较多，这可能会造成自由度较大的损失，在一定程度上弱化 Sargan 过度识别检验，使之缺乏足够的可信度。但正如 Bond（1998）指出的那样，内生性问题会导致 OLS 估计产生向上的偏差，组内估计会产生向下的偏差，这意味着滞后一阶因变量的影响系数真实值介于 OLS 和组内估计之间。以此为标准，本书对包括所有协变量的混合 OLS 和固定效应进行了估计以粗略检验 GMM 估计的有效性，结果显示，滞后变量的系数区间包括了所有滞后变量 L1. ES 的估计系数，表明 SYS-GMM 估计是可靠的。

根据表 5-4 中的回归结果可以看出，资本、劳动、土地要素价格扭曲对不同观测视角下创业水平的影响系数符号皆为负，说明要素价格扭曲对我国的创业水平具有非常显著的负向影响；降低要素市场中的价格扭曲程度，将是提高社会创业参与、创业活力和创业规模的重要途径之一。这一结果显然与之前的假设五相一致。下面，本书将具体分析资本、劳动和土地要素价格扭曲对不同观测视角下创业水平的影响。

1. 资本要素价格扭曲对创业水平影响的总体回归结果

通过观察表 5-4 中资本要素价格扭曲对不同观测视角下创业水平的影响（见表 5-4 中的模型 13、模型 16 和模型 19），我们发现，资本要素价格扭曲对三种观测视角下创业水平的影响系数分别为-0. 003、-0. 008 和-0. 013，并且分别通过了 1%、5%和 5%的显著性检验，说明每当资本市场中的要素价格扭曲程度上升（或下降）1，社会中的创业参与、创业活力和创业规模将显著下降（或上升）0. 3、0. 8 和 1. 3 个百分点。其中，资本要素价格扭曲对创业参与的影响最为显著（通过了 1%的显著性检验），从而验证了前文假设六。这说明虽然资本市场中的低利率政策在一定程度上激发了社会中的创业活力，促进了我国经济的大幅增长，但同时也导致了资本要素在不同类型企业之间的相对成本差异，增加了经济市场中的创业成本和难度，从而抑制了我国的创业水平。因此，减少资本市场中的价格扭曲程度，对突破我国现阶段的创业瓶颈、促进大众创业至关重要。

2. 劳动要素价格扭曲对创业水平影响的总体回归结果

根据表 5-4 中的模型 14、模型 17 和模型 20 的回归结果，劳动要素价格扭曲对三种观测视角下创业水平的负向影响同样十分显著（至少通过了 5%的显著性检验），影响系数分别为-0.012、-0.004 和-0.011，说明每当劳动市场中的要素价格扭曲程度上升（或下降）1，社会中的创业参与、创业活力和创业规模将显著下降（或上升）1.2、0.4 和 1.1 个百分点。其中，劳动要素价格扭曲对创业活力的影响最为显著（通过了 1%的显著性），从而验证了前文假设七。这说明在我国户籍制度和二元经济结构的限制下，劳动力非充分流动导致劳动要素价格在不同企业、部门、行业之间具有较大的差异，工资水平极度不平衡，不同领域内"同工不同酬"现象十分显著，这一现象严重抑制了我国创业企业的发展，削弱了市场中的创业热情，阻碍了大众创业政策的实施。同时，这也意味着降低劳动市场中的价格扭曲程度将会对提高社会创业参与、促进创业活力和增加创业规模有所助益。

3. 土地要素价格扭曲对创业水平影响的总体回归结果

根据表 5-4 中的模型 15、模型 18 和模型 21 的回归结果，土地要素价格扭曲对三种观测视角下创业水平同样具有负向影响，影响系数分别为-0.300、-4.734 和-2.068，说明降低土地市场中的要素价格扭曲程度同样是促进我国创业水平的途径之一。但根据显著性检验结果，土地要素价格扭曲对创业水平的影响并没有通过至少 10%的显著性检验，从而验证了前文假设八。导致这种结果的原因如下：在土地要素基准价格的选择上，按照黄健柏等（2015）的方法，以《全国工业用地出让最低价标准》作为土地要素的基准价格，由此来衡量土地要素的边际产出。但是从测算结果来看，工业用地的最低标准价格与土地要素的边际产出之间可能仍然存在一定的差距，导致测算的土地要素价格扭曲程度与实际值之间略有偏颇，致使模型中土地要素价格扭曲对创业水平的影响系数并不十分显著。但是即便如此，土地要素价格扭曲仍然抑制了我国的创业水平，降低了市场中的创业参与活力与创业规模。因此，降低土地市场中的价格扭曲程度，减少各级政府对土地要素的垄断力度，同样能够有效激发社会中的创业活力，提高我国的创业水平。

4. 控制变量对创业水平影响的总体回归结果

囿于篇幅的限制，本节并没有在表 5-4 中具体汇报各项控制变量对创业水平影响的回归结果。但是，根据在实验中得到的回归结果来看，虽然个别控制变量未通过10%的显著性检验，但总体上大多数控制变量均表现出了不同程度的显著性水平，且估计系数的大小和方向与理论预期基本相符合。控制变量对区域创业水平影响的回归结果如下：

在制度变迁因素中，实际使用外资数量（Fdi）系数的符号为正，政府规模（Gov）系数的符号为负，说明我国市场化程度以及对外开放程度的不断提高，将会有效促进市场中的创业活力和创业水平，激发社会大众的创业热情。中国改革开放的逐步深入和经济体制环境的不断变迁为个体私营企业的发展提供了广阔的空间和平台，继续深化市场化改革、提高市场对资源配置的自主能动性，将是新常态下保持我国经济可持续发展的重要手段。

在要素禀赋因素中，地区内的经济活动人口（Pop）和工业总产值（Ind）对社会中的创业水平表现出了显著的正向促进作用，说明随着地区人口的增加以及工业水平的提高（创业要素越完备、创业条件越丰富），地区内对创业企业的吸引力则越来越强烈、创业活力越来越旺盛。

在社会环境因素中，居民人民币储蓄存款余额（Sav）、社会消费品零售总额（Com），年末实有城市道路面积（Rod）、年末实有公共汽（电）车营运数量（Bus）、货运总量（Fre）、客运总量（Mes），以及高校学生数（Stu）、医院床位数（Bed）和图书馆藏书量（Bok）对区域创业水平都表现出了一定程度的正向促进作用，说明通过鼓励社会消费，提高城市中的交通便利程度，丰富社会生活中的文化、教育、医疗保障等手段可以有效地促进地区内的创业水平、吸引外来的个体私营企业入驻投资；而GDP增长速度（Glo）对区域创业水平造成了负向影响，出现这种情况的可能性解释是：GDP增长速度越快的地区表明当地经济基础越薄弱。根据2015年的城市统计数据，在样本统计的261个城市中GDP增长速度最快的5个城市分别为安顺（15.3%）、廊坊（14.7%）、遂宁（14.3%）、遵义（14.2%）和六盘水（13.3%），而经济水平最为发达的一线城市“北、上、广、深”分别在样本统计的261个城市中排名第178位、第179位、第115位和第89位。可见，城市的GDP增长速度与地区内的经济水平可能具有一定的反向关系，GDP增长速度较快（经济条件较弱）的地区对创业企业的扶持力度以及对外来企业的吸引力自然较弱。

二、分区域回归结果

本书采用模型（5-2）中的函数形式，分别估计了资本、劳动和土地要素价格扭曲对我国不同地区（东部、中部、西部地区）创业水平的影响，以及地区间的影响差异具体的分区域回归结果分别如表 5-5、表 5-6 和表 5-7 所示。

首先，根据表 5-5、表 5-6 和表 5-7 中的 F 检验和 Hausman 检验（检验结果如表中“F 检验”和“Hausman”所示）结果可以发现，三个子样本都显著通过了固定效应模型的合理性检验，说明采用固定效应模型研究要素价格扭曲对我国不同区域创业水平的影响是十分合理的。

其次，通过纵向和横向对比三个子样本中不同要素的价格扭曲对不同观测视角下创业水平的影响系数可以发现，除了个别变量外，要素价格扭曲对中国创业水平影响的分区域回归结果与全国总体回归结果基本保持一致，但是由于不同地区内的要素禀赋、人口结构、经济环境等因素的不同，要素价格扭曲在东部、中部和西部地区中对不同视角下创业水平的影响具有一定程度的区域差异。

在检验了模型（5-2）的合理性之后，本节将分别考察中国不同地区（东、中、西部）要素价格扭曲对创业水平的影响，并根据回归结果中的区域差异做出适当分析。另外，本节同样省略了模型中各项控制变量对创业水平的具体影响结果。

1. 创业参与视角下的分区域回归结果

创业参与视角衡量了社会中发起创业或参与创业的劳动力（占整体劳动力）比率，体现了社会大众对创业或融入创业活动的积极性。回归结果如表 5-5 所示。在这一视角下，所有地区的资本和劳动要素价格扭曲对创业水平 ES1 的影响系数均为负值（见表 5-5 中的模型 22、模型 23、模型 25、模型 26、模型 28、模型 29），并且都通过了至少 10%的显著性检验（土地要素价格扭曲除外）。其中，资本和劳动要素价格扭曲对中部地区创业水平 ES1 的影响效果最为明显，对东部和西部地区的影响稍微偏弱，说明资本和劳动要素的价格扭曲对中国总体地区（尤其是中部地区）的创业水平 ES1 具有显著的负向抑制作用，降低地区内资本和劳动要素的价格扭曲程度、完善市场竞争机制将是提高区域创业参与度、促进大众创业的有效途径。

相比之下，根据模型 30 的回归结果，土地要素价格扭曲对西部地区创业水平 ES1 的影响方向为正，这与全国总体回归结果截然相反，说明土地要素价格扭曲程度越大（土地实际成交价格相对于最低基准价格越高），西部地区的创业参与人数占比就越大，这一结果显然与全国总体回归结果相反。

表 5-5 要素价格扭曲对创业水平 ES1 影响的分区域回归结果

变量	ES1：创业企业雇佣人数占比								
	东部地区			中部地区			西部地区		
	资本	劳动	土地	资本	劳动	土地	资本	劳动	土地
	模型 22	模型 23	模型 24	模型 25	模型 26	模型 27	模型 28	模型 29	模型 30
distK	-0.005 *** (0.001)	—	—	-0.009 *** (0.002)	—	—	-0.005 * (0.003)	—	—
distL	—	-0.016 *** (0.005)	—	—	-0.114 *** (0.041)	—	—	-0.072 ** (0.034)	—
distE	—	—	-0.331 (0.273)	—	—	-0.266 (0.745)	—	—	0.238 *** (0.086)
Cons	-1.367 *** (0.172)	-1.526 *** (0.180)	-3.469 *** (0.410)	-0.623 *** (0.202)	-1.886 ** (0.853)	-2.079 ** (0.824)	-0.751 (0.604)	-0.187 (0.780)	-1.657 *** (0.567)
控制变量	控制	控制	控制	控制	控制	控制	控制	控制	控制
个体效应	控制	控制	控制	控制	控制	控制	控制	控制	控制
时间效应	控制	控制	控制	控制	控制	控制	控制	控制	控制
F 检验	15.03 (0.000)	15.93 (0.000)	15.75 (0.000)	16.64 (0.000)	15.96 (0.000)	5.15 (0.000)	6.57 (0.000)	6.53 (0.000)	5.04 (0.000)
Chi2	112.14	134.98	54.53	74.19	81.74	45.99	58.71	73.06	38.30

续表

变量	ES1：创业企业雇佣人数占比								
	东部地区			中部地区			西部地区		
	资本	劳动	土地	资本	劳动	土地	资本	劳动	土地
	模型 22	模型 23	模型 24	模型 25	模型 26	模型 27	模型 28	模型 29	模型 30
Hausman	0. 000	0. 000	0. 000	0. 000	0. 000	0. 000	0. 000	0. 000	0. 000
R^2	0. 426	0. 419	0. 616	0. 397	0. 404	0. 604	0. 319	0. 319	0. 509
N	1514	1508	436	1504	1437	138	829	824	144

注：①*、** 和 *** 分别表示在 10%、5%和 1%的统计水平上显著；②括号内数值为各系数的标准误；③“F 检验”表示固定效应模型中的 F 统计值和相应 P 值；④“Hausman”表示 Hausman 检验的 P 值；⑤“—”表示在该模型中，并不包含本项回归结果。

表 5-6　要素价格扭曲对创业水平 ES2 影响的分区域回归结果

变量	ES2：创业企业数量年增长率								
	东部地区			中部地区			西部地区		
	资本	劳动	土地	资本	劳动	土地	资本	劳动	土地
	模型 31	模型 32	模型 33	模型 34	模型 35	模型 36	模型 37	模型 38	模型 39
distK	0. 009* (0. 005)	—	—	-0. 006** (0. 003)	—	—	-0. 004** (0. 002)	—	—
distL	—	-0. 033*** (0. 010)	—	—	-0. 003* (0. 002)	—	—	-0. 020* (0. 011)	—
distE	—	—	-1. 128 (1. 102)	—	—	-3. 509* (1. 338)	—	—	-2. 667 (1. 407)

续表

变量	ES2：创业企业数量年增长率								
	东部地区			中部地区			西部地区		
	资本	劳动	土地	资本	劳动	土地	资本	劳动	土地
	模型 31	模型 32	模型 33	模型 34	模型 35	模型 36	模型 37	模型 38	模型 39
Cons	1.386 (0.869)	2.654** (1.049)	2.123** (0.834)	-1.363 (0.864)	-1.052 (0.905)	-1.873* (0.984)	0.470 (0.629)	0.483 (0.674)	1.129 (0.774)
控制变量	控制	控制	控制	控制	控制	控制	控制	控制	控制
个体效应	控制	控制	控制	控制	控制	控制	控制	控制	控制
时间效应	控制	控制	控制	控制	控制	控制	控制	控制	控制
F 检验	3.11 (0.002)	2.78 (0.004)	2.71 (0.005)	3.56 (0.001)	3.32 (0.001)	3.48 (0.001)	4.83 (0.000)	3.94 (0.000)	2.85 (0.004)
Chi2	26.08	23.91	23.46	20.41	18.97	19.91	18.46	19.44	18.67
Hausman	0.004	0.008	0.009	0.013	0.019	0.014	0.022	0.016	0.020
R^2	0.428	0.414	0.410	0.353	0.333	0.354	0.194	0.200	0.198
N	126	126	126	93	92	93	113	111	113

注：①*、** 和 *** 分别表示在 10%、5%和 1%的统计水平上显著；②括号内数值为各系数的标准误；③“F 检验”表示固定效应模型中的 F 统计值和相应 P 值；④“Hausman”表示 Hausman 检验的 P 值；⑤“—”表示在该模型中，并不包含本项回归结果。

表 5-7　要素价格扭曲对创业水平 ES3 影响的分区域回归结果

变量	ES3：创业企业注册资金年增长率								
	东部地区			中部地区			西部地区		
	资本	劳动	土地	资本	劳动	土地	资本	劳动	土地
	模型 40	模型 41	模型 42	模型 43	模型 44	模型 45	模型 46	模型 47	模型 48
distK	-0.011*** (0.004)	—	—	-0.128** (0.006)	—	—	-0.019* (0.012)	—	—
distL	—	-0.143* (0.082)	—	—	-0.004** (0.002)	—	—	-0.060*** (0.017)	—
distE	—	—	-1.431*** (0.348)	—	—	-2.821*** (0.981)	—	—	-3.324 (1.926)
Cons	1.442 (1.054)	-0.273** (0.127)	2.704 (1.726)	-3.769*** (1.344)	-3.262** (1.442)	-4.792*** (1.645)	-0.663 (0.864)	-0.388 (1.038)	1.509 (1.140)
控制变量	控制	控制	控制	控制	控制	控制	控制	控制	控制
个体效应	控制	控制	控制	控制	控制	控制	控制	控制	控制
时间效应	控制	控制	控制	控制	控制	控制	控制	控制	控制

续表

变量	ES3：创业企业注册资金年增长率								
	东部地区			中部地区			西部地区		
	资本	劳动	土地	资本	劳动	土地	资本	劳动	土地
	模型 40	模型 41	模型 42	模型 43	模型 44	模型 45	模型 46	模型 47	模型 48
F 检验	2. 99 (0. 003)	3. 16 (0. 002)	2. 85 (0. 004)	2. 27 (0. 040)	1. 87 (0. 091)	1. 86 (0. 095)	2. 97 (0. 003)	2. 99 (0. 003)	3. 10 (0. 002)
Chi2	24. 84	25. 91	23. 97	14. 06	12. 00	12. 76	19. 76	18. 46	20. 88
Hausman	0. 006	0. 004	0. 008	0. 050	0. 096	0. 086	0. 015	0. 022	0. 010
R^2	0. 355	0. 368	0. 349	0. 464	0. 430	0. 450	0. 203	0. 192	0. 200
N	115	115	115	85	84	85	105	103	105

注：①*、** 和 *** 分别表示在 10%、5%和 1%的统计水平上显著；②括号内数值为各系数的标准误；③“F 检验”表示固定效应模型中的 F 统计值和相应 P 值；④“Hausman”表示 Hausman 检验的 P 值；⑤“—”表示在该模型中，并不包含本项回归结果。

对于这一现象的解释为：西部地区由于人口密度较小、经济水平相对落后，以分权为核心的财政体制和以 GDP 增长为核心的政绩考核机制，使地方政府具有很大的动力干预地方经济发展，人为压低土地要素价格以吸引企业投资，从而引发土地要素价格扭曲。根据黄健柏等（2015）的研究，土地要素价格扭曲会对企业的过度投资行为产生显著的推动作用，并且这种推动作用对重工业企业投资行为的影响最为显著。因此，土地要素价格扭曲导致要素资源向重工业企业发生倾斜，阻碍了西部地区对劳动力吸纳能力最强的轻工业企业的发展，减少了创业参与人数比率，从而削弱了西部地区的创业水平。

2. 创业活力视角下的分区域回归结果

创业活力视角衡量了社会中新进创业企业的数量，体现了市场中的创业活力。回归结果如表 5-6 所示。根据表 5-6 中的模型 31 可以看出，东部地区资本要素的价格扭曲对创业水平 ES2 的影响系数为正，且通过了 10%的显著性检验，说明资本要素价格扭曲不但没有抑制东部地区的创业活力，反而促进了地区内新企业的进入，这一结果与全国总体回归结果恰好相反。

对于这一现象的解释为：东部地区是我国经济发展起步最早、经济条件最为发达、生产技术水平最高的地区，也是我国资本密集型产业和制造加工行业的聚集之地，较早实行改革开放政策的一批沿海城市全部集中在东部地区，素来有着强烈的创业文化与创业传统，地理位置非常优越。由于东部地区的资本要素价格呈现出负向扭曲（要素的边际产出大于其实际价格），价格扭曲程度越大说明资本要素创造的经济价值越高。因此，提高地区内资本要素的使用效率（边际产出）、降低使用成本（实际价格），能更好地发挥我国长三角、珠三角等东部地区的成本优势和国际竞争力，激发社会中的创业热情和创业活力，从而带动和引领全国整体经济水平的飞跃。

相比之下，对于中部和西部地区，根据表 5-6 中的模型 34、模型 35、模型 36、模型 37、模型 38、模型 39 的回归结果，资本、劳动和土地要素价格扭曲对创业水平 ES2 的影响与全国整体情况相一致，而且除了模型 33 和模型 39 之外全部通过了至少 10%的显著性检验。这说明中部地区和西部地区的资本和劳动要素的实际价格都普遍偏低，导致要素价格扭曲对创业水平 ES2 表现出了负向影响，较低的要素成本并没有发挥激励社会创业的作用，反而降低了创业企业尤其是出口型创业企业的利润率，成为创业企业发展的阻碍

(耿伟，2014)。这一结果表明，发挥市场的主观能动性、保证价格信号对资源配置的核心作用，将是我国未来经济可持续发展的动力源泉，也是决定双创战略在中、西部地区能否顺利实施的关键。

3. 创业规模视角下的分区域回归结果

创业规模视角衡量了创业企业规模的增长水平，反映了我国的创业质量和创业在整体经济中的贡献程度。回归结果如表 5-7 所示。根据表 5-7 中的模型 40 直至模型 48 可以看出，在创业规模视角下，东部、中部、西部地区的要素价格扭曲对创业水平 ES3 均表现出了负向抑制作用，且影响结果非常显著，这一结果与全国总体情况相一致。

要素价格扭曲对创业水平 ES3 的影响显著为负，说明资本、劳动和土地要素在市场中的价格扭曲严重影响了我国整体和不同地区的创业规模，增加了创业的成本和风险，虽然这一影响在不同地区的表现强度不同，但影响方向是一致的。因此，降低要素市场中的价格扭曲程度将能够有效降低市场中的创业风险与成本，扩大我国创业规模，是进一步促进新常态下经济可持续发展的重要途径。

4. 控制变量对创业水平影响的分区域回归结果

在分区域回归结果中，各项控制变量的估计系数在符号上与全国整体情况基本保持一致，但是由于东部、中部、西部三大区域的区位条件有较大差别，导致创业水平影响因素（控制变量）的影响系数和显著性在不同区域之间存在着较大差异。例如，在东部地区，由于东部城市经济发展起步较早，珠三角地区靠近港澳台，环渤海区域毗邻日韩，这些地区对外开放程度更高，受国际经济环境的冲击与影响也更大，所以地区内实际使用外资数量（Fdi）对创业水平的影响在三个地区之中最为强烈。另外，由于大批中西部农村剩余人口不断向东部地区迁移，造成东部成为我国劳动力流动最为旺盛的地区，因此地区人口（Pop）变量的影响系数在东部地区最为显著。不仅如此，西部地区较低的经济水平和社会服务、福利水平也导致了地区内工业总产值(Ind)、医院床位数（Bed）等变量相较于东部、中部地区而言都具有更加强烈的推动作用；同时，由于西部地区蕴含着丰富的矿石、煤炭等基础资源，担任着为中部、东西部经济发展提供能源保障的重任，所以相比于东部和中部地区，只有西部地区的货运总量（Fre）变量对创业水平呈现出了负向影响，说明随着西部地区原材料的大量运输，西部地区的创业水平反而受到了负面影响。

三、稳健性检验

为了保证表5-4、表5-5、表5-6、表5-7中回归结果的可靠性，从而观测出要素价格扭曲对中国总体及分区域创业水平的具体影响，本节分别采用更换回归模型和替换被解释变量两种方法对研究结果进行了稳健性检验。

1. 更换回归模型

在估计要素价格扭曲对全国总体创业水平的影响时，为了保证研究结果的可靠性，本节使用了系统动态面板（SYS-GMM）模型，如模型（5-1）所示。相比于固定效应（FE）模型，系统动态面板（SYS-GMM）模型在处理多变量、“大面板”数据时具有更大的优势，所得到的回归结果更加稳健，在能够有效降低模型中内生性的同时，还可以兼顾各变量之间的动态特征。因此，使用更加稳健和可靠的回归模型是保证研究结果稳健性的第一种方式。

2. 替换被解释变量

本章在选择被解释变量（创业水平）时，分别以创业参与、创业活力和创业规模作为被解释变量（创业水平）的衡量指标，并通过实证研究方法依次在以上三个视角下检验了要素价格扭曲对全国总体和分区域创业水平的影响。根据回归结果的横向和纵向对比可以看出，在使用了不同的被解释变量（创业水平）后，要素价格扭曲对我国总体和分区域创业水平仍具有非常显著的负向影响（具体参见表5-4~表5-7）。因此，采取多维度、可替换的被解释变量是保证研究结果稳健性的第二种方式。

通过以上两种方式的稳健性检验，可以证明本章中所得到的研究结果是十分可靠和有效的，即要素价格扭曲削弱了我国市场中的创业活力，阻碍了社会大众的创业热情，从而最终降低了全国总体和不同地区的创业水平。

第四节　本章小结

本章采用实证研究的方法，系统分析了资本、劳动和土地要素价格扭曲对中国不同观测视角下整体及不同地区创业水平的影响。研究结果显示，就中国整体而言，资本、劳动和土地要素的价格扭曲对创业水平（创业参与、创业活力、创业规模）均表现出了显著的负向抑制作用。这说明若要提高中国整体的创业水平，推进“大众创业、万众创新”政策的顺利实施，就必须有效缓解和降低要素市场中的价格扭曲现象。

根据分区域回归结果，要素价格扭曲对不同地区创业水平的影响不是绝对的，而是相对的，虽然要素价格扭曲对我国不同地区创业水平的影响在总体上与全国回归结果基本保持一致，但在不同地区之间仍具有非常明显的区域差异，具体差异如下：

首先，在创业参与视角下，西部地区的土地要素价格扭曲对创业水平 ES1 的影响方向为正，说明西部地区低廉的土地出让价格不但没有提高社会中劳动力的创业参与比率，反而引起了重工业企业的过度投资，削弱了地区内轻工业企业对社会劳动力的吸纳能力。

其次，在创业活力视角下，东部地区的资本要素价格扭曲对创业水平 ES2 的影响同样表现为正，说明提高地区内资本要素的使用效率（边际产出）、降低使用成本（实际价格），能够更好地发挥我国长三角、珠三角等东部地区的成本优势和国际竞争力，激发市场中的创业热情和创业活力。

最后，在创业规模视角下，不同地区的要素价格扭曲对创业水平 ES3 的影响结果与全国整体情况相同，对东部、中部、西部地区的创业规模均表现出了负向抑制作用。全国整体及不同地区的影响效果如表 5-8 所示。

表 5-8　要素价格扭曲对中国整体及不同地区创业水平的影响方向

要素种类	ES1：创业企业雇佣人数占比				ES2：创业企业数量年增长率				ES3：创业企业注册资金年增长率			
	整体	东部	中部	西部	整体	东部	中部	西部	整体	东部	中部	西部
资本要素	负向↓	负向↓	负向↓	负向↓	负向↓	正向↑	负向↓	负向↓	负向↓	负向↓	负向↓	负向↓
劳动要素	负向↓	负向↓	负向↓	负向↓	负向↓	负向↓	负向↓	负向↓	负向↓	负向↓	负向↓	负向↓
土地要素	负向↓	负向↓	负向↓	正向↑	负向↓	负向↓	负向↓	负向↓	负向↓	负向↓	负向↓	负向↓

注：“↑”符号表示要素价格扭曲对创业水平具有正向促进作用，“↓”符号表示要素价格扭曲对创业水平具有负向抑制作用。

因此，若要提高社会中的创业水平，培育新常态下经济发展的新动力，在不断加速地方经济增长的同时，必须有效降低要素市场中的价格扭曲程度，不断深化市场化改革、优化资源配置效率，减少政府对市场的过多干预，使价格信号能够准确反映每种生产要素的稀缺程度，从而保证市场在资源配置中的核心作用。

同时，地区内各级政府在制定创业扶持政策时需要因地制宜，根据自身的要素禀赋和社会环境等因素进行更加全面的权衡，在加速地方经济增长的同时，尽量减少政府对市场的过多干预，降低要素市场中的价格扭曲程度，发挥市场在资源配置过程中的核心作用，从而全面提高社会中的创业水平，促进“大众创业、万众创新”政策的有效实施。

第六章　结论与启示

第一节　研究的基本结论

本书从要素市场的角度出发，主要研究要素价格扭曲对中国区域创业水平的影响。笔者认为，政府对市场的干预导致了要素价格扭曲，造成了不同企业之间的相对成本差异，成本优势企业在利润最大化的驱动下倾向于采用强硬的竞争策略驱逐或遏制成本劣势企业参与市场竞争，从而削弱了市场中的创业热情，抑制了创业水平，即存在“要素价格扭曲→要素成本差异→创业动机→创业活力→创业水平”的影响机制。结合具体经济背景，参考现代经济学理论和产业组织理论中最新研究成果，借鉴理论与实证分析经验，本书得到了以下几方面的研究结果：

第一，创业是繁荣我国经济、丰富财政税收、调和社会矛盾、优化产业结构、增加劳动就业、推动万众创新和催生新鲜行业的重要途径，也是新常态下培育发展新动力的关键，为中国特色社会主义事业贡献着巨大力量。根据第二章的研究结果，首先，在创业参与视角下，我国整体地区的创业水平表现出了明显的增长趋势，但是从2010年开始，创业水平的增长速度明显下降，并在2013年之后呈现出下滑态势。其次，在创业活力视角下，整体创业水平在2001~2012年经历了“上升→下降→上升→下降”的“M”字形变化趋势：在2001~2004年呈现出增长趋势，在2004~2008年逐渐下降，在2009年经历了短暂复苏，然后于2010年再次下降。最后，在创业规模视角下，整体创业水平在2001~2011年呈现出“上升→下降→上升”的“N”字形变化趋势，最低点出现在2007~2008年，随后进入较为平稳的增长期，并于2011年重新恢复到了2001年的增长水平。可见，近年来尤其是2010年以来，我国总体创业水平呈现出了不同程度的下滑趋势，说明新常态下我国创业形势面临着严峻挑战。

第二，在当前阶段，由过去计划经济体制残留下来的要素价格扭曲现象是一个客观现实。根据第三章的研究结果，在我国资本、劳动以及土地市场中普遍存在要素价格扭曲问题。资本要素价格的扭曲方向为负且扭曲程度正在逐渐缩小，最终维持在 3.0 左右，说明我国的资本利率长期维持在较低水平，低利率、高投资的发展模式是刺激我国经济增长的重要源泉，但是随着我国市场化改革的深入，市场体制日趋完善，市场价格扭曲程度得到缓解，由此反映出合理的价格机制对于缓解要素价格扭曲现象具有积极的作用。劳动要素价格的扭曲方向随着时间的推移正在不断发生变化，逐渐由负向扭曲转化为正向扭曲，转折点发生在 2011~2012 年，说明随着中国劳动力价格的不断上升，经济中长期以来的巨大人口红利正在逐渐消失，即将不复存在。土地要素价格的扭曲方向为正，变化幅度相对平稳，基本保持在 0.24 左右，期间并无太大波动，说明我国土地要素的实际成交价格普遍大于《全国工业用地出让最低价标准》，各级政府在出让土地时具有较大的议价空间。可以说，要素价格扭曲现象出现在我国经济社会的各个领域，须予以足够的重视，并采取积极的改善措施。

第三，不同企业之间的要素成本差异是要素价格扭曲对创业水平影响的传导介质。根据第四章的研究结果，要素价格扭曲会降低创业企业的创业热情，削弱市场中的创业活力，从而对我国创业水平的提升产生明显的负面效应。本书发现，在要素价格扭曲的影响下，同种生产要素在不同类型企业之间的价格存在明显的相对差异，具有相对成本优势的企业将会在利润最大化的驱使下采取强硬的竞争策略获取生产要素，并在产品市场的竞争中通过改变生产决策驱逐或遏制潜在企业参与竞争，从而获得更高的长期经济利润。本书以我国微观企业的现实数据为样本，采用实证研究方法对理论机制进行了检验。结果表明，随着要素市场中价格扭曲程度的增加，要素成本优势企业的竞争策略就越强硬、对生产要素的竞争优势就越明显，对成本劣势企业的驱逐能力就越强。在此过程中，随着创业难度的上升，市场中的创业活力将大幅下降，创业水平也将因此受到严重阻碍。

第四，要素价格扭曲是阻碍中国创业水平的重要影响因素。根据第五章的实证研究结果，在全国总体和分区域样本中，要素价格扭曲对我国总体创业水平具有显著的负向抑制作用，并且这一影响在不同地区具有明显的区域差异。其中，在创业参与视角下，西部地区的土地要素价格扭曲对创业水平的影响方向为正，说明西部地区低廉的土地出让价格不但没有提高社会中劳动力的创业参与比率，反而成为阻碍。另外，在创业活力视角下，东部地区的资本要素价格扭曲对创业水平的影响同样表现为正，说明降低地区内资本要素的相对成本，则能更好地发挥我国长三角、珠三角等地区的国际竞争力，激发社会中的创业活力。

第二节　政策建议

在社会主义市场经济建设过程中，要素价格扭曲是其中暂时出现的问题，也是我国从计划经济体制向市场经济体制转型的必由之路。根据研究结果，要素价格扭曲抑制了我国的大众创业，如果不能有效地校正要素价格扭曲，就无法有效提升市场中的创业水平，从而无法培育发展新动力。从现在的各种情况判断，要素价格扭曲问题在未来一段时间内并不会完全消失，但会有所缓解。要素市场涵盖范围广泛，因此导致要素价格扭曲的原因也极为复杂，若要解决要素价格扭曲问题，需要联合多方力量，只有对多个层面进行综合整改和变革，才能从根本上解决问题。

要素价格扭曲带来的负面作用是有目共睹的，要想缓解要素价格扭曲程度、为经济发展注入新活力、提升社会创业水平，首要问题就是搭建与时代发展要求相契合的现代市场经济体制。从这一层面来讲，全面深化要素市场化改革是中国经济步入新发展阶段的根本动力。在经济新常态背景下，要为经济注入增长动力，关键在于让市场切实发挥各项职能，减少政府对市场的行政干预，使其发挥自身的引导职能。针对于此，笔者将分别从缓解要素价格扭曲和促进大众创业两个层面提出以下几点建议：

一、在缓解要素价格扭曲层面

1. 处理好政府与市场之间的关系

要素价格扭曲产生的根源在于政府对市场的过多干预，若要解决要素价格扭曲问题，首先要处理好政府与市场之间的关系。每个经济发展阶段都有着不同特点，在不同的发展阶段，政府应当和市场保持不同的关系。在经济初步发展和模仿赶超阶段，国家面临投资不足和发展“瓶颈”的问题，但有发达国家可作为经济技术赶超和模仿的对象，在此阶段，政府计划、投资以及国企对促进经济发展可发挥极大的作用，因此应制定以政府为主导的经济发展策略。

然而，随着经济体系的不断发展和完善，经济结构会日趋复杂，在此情形下，就不能继续沿用以往的经济发展模式，此时隐含知识、冒险精神以及信息会变得更为重要，消费选择趋向于个性化与多元化，技术模仿空间变小，市场不确定性因素增加，市场各项功能就会显得较为关键，政府必须转变角色，由主导者变为引导者。在现代市场经济背景下，政府应减少对市场各领域的管控，由市场发挥自身的资源配置功能，市场通过复杂的网络和各种联系调动潜藏在大量群体中的财务、知识、技能、资源以及创造力等，使此部分资源成为创新和生产力发展的源泉。对于政府而言，其主要职能在于为市场经济运行搭建支持性框架，例如，健全产权制度，建设完善的基础设施，维护市场正常秩序，使各类生产要素能够顺利流动；制定健全的社会福利机制，实现社会群体经济风险分散化，为个体创建能够发挥自身能力和冒险精神的环境；搭建宏观调控框架，稳定经济主体预期，避免市场出现大幅波动。

2. 改革户籍制度

户籍制度在我国拥有悠久的历史，中华人民共和国成立之初，国家为维持社会秩序、保障经济稳定发展，当时户籍制度尚有一定的价值，然而随着经济的持续发展，户籍制度带来的弊端明显高于其价值，一方面，户籍制度导致劳动力市场分割，给劳动力的自由流动带来束缚，降低了劳动力的配置效率；另一方面，户籍制度使城乡收入差距不断加大，导致城乡经济二元化，在一定程度上阻碍了经济的发展。根据现代经济发展情况来看，当前的户籍制度已经不再符合时代发展的需求，因此，应加快推进户籍制度改革，在此方面，可利用现代化信息技术，消除劳动力自由流动的制度障碍，缓解劳动力要素价格扭曲程度。

3. 加快要素市场化改革步伐

政府应制定完善、合理的要素市场定价机制，提高资源配置效率，逐步消除要素价格扭曲。①在劳动力市场中，要打破市场流动壁垒，使劳动者在不同省份能够自由流动，并在人才市场中享有与当地居民相同的就业机会，消除不同地区人口的就业歧视问题，赋予劳动者更为广阔的就业空间。此外，还要加大对职业介绍中介机构的管理力度，提高就业市场规范化程度，保障劳动力要素流动，并通过劳动力在不同地区和市场的流动，逐步实现报酬平均化，发挥市场对收入差距的收敛作用。②在资本市场中，要加快资本市场化进程，提高其市场化程度，政府应转变管理理念，由主导者变为引导者，减少对金融市场的行政干预，发挥市场自由竞争的作用，实现多家金融机构协同发展的格局，改变国有银行“一家独大”的局面。与此同时，要降低金融抑制程度，保证资本在市场中能够自由流动，进一步完善金融市场体制，拓宽企业融资渠道，丰富个体投资渠道，充分发挥资本市场优胜劣汰机制，使资本能够流向效率更高、价值更大的企业与行业，提高资本配置效率，只有如此，才能改变我国投资拉动的经济增长模式。③在土地市场中，应减少政府介入，规范政府行为，优化和改进国家土地管理法制法规，打破政府在土地市场中的垄断与主导地位，减少政府对土地市场的行政干预，使土地出让和交易价格能够真实、准确地反映土地稀缺程度。

二、在促进大众创业层面

1. 深化国有经济改革，促进非公有制经济发展

在深化国有经济改革方面，在经济新常态背景下，国有经济的职能和分布领域相较以往会发生转变，基于新发展阶段，明确界定国有资本与国有经济的职能，优化国有经济结构是当前第一要务。为适应经济新常态发展，为经济发展注入新活动，应当加快国有经济退出竞争性领域的脚步，深化垄断行业改革，使更多的国有资本进入公益性领域，并朝着能够体现国家战略意图的战略性和前瞻性领域集中，并且开放国有经济领域产业与产权，合理调整国有经济分布领域与分布比例，并达到预期功能定位相适应的水平。在促进非公有制经济发展方面，在新时期，政策重心应逐步转向促进非公有制经济发展。推进非公有制经济发展，必须注重两个层面，一是自由投资与自由企业制度，除了一小部分如石油等涉及国家发展命脉的产业必须由国有部门垄断外，其余领域都应向非公有制经济开放，需要注意的是，“开放”不单单是现有领域的开放，更是新兴领域与未知领域的开放；二是平等的法律与竞争环境，为确保不同所有制经济在不违背法律条例的基础上平等使用生产要素，就必须对当前的银行制度、土地市场制度、劳动力市场制度以及资本市场制度进行改革，充分发挥市场力量，使市场在生产要素配置方面发挥决定

性作用，真正的市场机制一般不会对市场中的任何一个主体产生歧视。

2. 烘托创业氛围，培育创业环境

社会中的创业氛围和创业环境是创业的必要因素，若要提高创业水平，首先要为社会大众创造良好的创业环境。在此基础上，增强民众创业信心，激发创业热情，促使民众有信心、有热情投入创业活动中。其次，提升社会文化和民俗对创业的社会认同感，重塑民众认知，使民众认为创业是一个体面的工作。在得到社会认同的基础上，可增强创业者的创业信心，并从创业活动中获得成就感，从而能够更加专注于创业事业。再次，关于创业的宣传不能仅仅通过树立创业成功典型的方式，更多的是应当宣传创业的过程，应当利用媒体向大众宣传不同创业者的经验，使大众对创业有一个清晰的认知，并使群众认识到，只有敢于尝试，才有可能获得成功。最后，培养和加强民众产权意识，在社会中营造民众维护、尊重、支持以及保护产权的氛围，保障创业者的知识产权不会受到侵害。

3. 加强软硬件环境配套，保护创业企业的成长和发展

对于创业企业而言，在发展初期，不管是资金、规模还是要素成本，与市场成熟企业相比，基本都处于劣势，急需政府扶持：软件环境方面，主要是政策、制度以及法律三个层面的扶持，政策方面，包括税收减免等；制度方面，包括审批制度的公正化与简洁化，避免出现寻租问题，为创业者营造公平竞争的制度环境；法律方面，主要维护企业合法权利，保障创业主体的利益。硬件环境方面，主要是基础设施和配套设施的建设。在此方面，当地政府可专门建设创业园区或是创业孵化器，将创业企业集中到临近区域，并为其提供一系列创业所需的基础设施与配套设施，满足创业者的基本需求。在创业园区中，将创业企业聚集在一起不但能够为创业主体提供更多资源，并且因为外溢效应，其所吸引的技术与人才对提高创业成功率和促进企业发展都有着积极作用。总而言之，只有为创业企业提供配套完善的软硬件环境，才能有效促进大众创业。

参考文献

[1] Acs Z. J. How is Entrepreneurship Good for Economic Growth [J]. Innovations, 2006, 1 (1): 97-107.

[2] Acs Z. J. and Armington C. Employment Growth and Entrepreneurial Activity in Cities [J]. Regional Studies, 2004, 38 (8): 911-927.

[3] Acs Z. J. and Varga A. Entrepreneurship, Agglomeration and Technological Change [J]. Small Business Economics, 2005, 24 (3): 323-334.

[4] Acs Z. J., Desai S. and Hessels, J. Entrepreneurship, Economic Development and Inslitutions [J]. Small Business Economics, 2008, 31 (3): 219-234.

[5] Acs Z. J. and Mueller P. Employment Effects of Business Dynamics: Mice, Gazelles and Elephants [J]. Small Business Economics, 2008, 30 (1): 85-100.

[6] Acs Z. J., Audretsch D. B., Braunerhjelm P. and Carlsson B. Growth and Entrepreneurship [J]. Small Business Economics, 2012, 39 (2): 289-300.

[7] Ahmad I., Leelahanon S. and Li O. Efficient Estimation of A Semiparametric Partially Linear Varying Coefficient [J]. Annals of Statistics, 2005, 33 (1): 258-283.

[8] Aigner D. J., Amemiya T. and Poirier D. J. On the Estimation of Production Frontiers [J]. International Economic review, 1976 (7): 377-396.

[9] Allen I. E., Langowitz N. and Minniti M. Global Entrepreneurship Monitor-2006: Report on Women and Entrepreneurship [R]. Babson College and London Business School: Kauffman Foundation, 2007.

[10] Allen R. C. The Rise and Decline of the Soviet Economy [J]. Canadian Journal of Economics, 2001, 34 (4): 859-881.

[11] Antoicic B., Kregar T. B., Singh G. and DeNoble A. F. The Big Five Personality Entrepreneurship Relationship: Evidencefrom Slovenia [J]. Journal of

Small Business Management, 2015, 53 (3): 819-841.

[12] Arellano M. and Bond S. Some Tests of Specification for Panel Date: Monte Carlo Evidence and an Application to Employment Equations [J]. The Review of Economic Studies, 1991, 58 (2): 277-297.

[13] Arellano M. and Bover O. Another Look at the Instrumental Variable Estimation of Error Components Models [J]. Journal of Econometrics, 1991, 68 (1): 29-52.

[14] Arrow K. J., Chenery H. B. and Minhas B. S. Capital-Labor Substkution and Economic Efficiency [J]. Review of Economics and Statistics, 1961, 43 (3): 225-250.

[15] Atkinson S. E. and Comwell C. Profit versus Cost Frontier Estimation of Price and Technical Inefficiency: A Parametric Approach with Panel Data [J]. Southern Economic Journal, 1998, 64 (3): 753-764.

[16] Atkinson S. E. and Halvorsen R. A Test of Relative and Absolute Price Efficiency in Regulated Utilities [J]. Review of Economics and Statktics, 1980, 62 (1): 81-88.

[17] Atkinson S. E. and Halvorsen R. Parametric Efficiency Tests, Economic of Scale, and Input Demand in U. S. Electric Power Generation [J]. Review of E-conomics and Statistics, 1984, 25 (3): 647-662.

[18] Atkeson A. and Kehoe P. J. Modeling and Measuring Organization Capital [J]. Journal of Political Economy, 2005, 113 (5): 1026-1053.

[19] Atkeson A. and Kehoe P. J. Modeling the Transition to a New Economy: Lessons from Two Technological Revolutions [J]. The American Economic Review, 2007, 97 (1): 64-88.

[20] Audretsch D. B. and Keilbach M. C. Entrepreneurship Capital and Economic Performance [J]. Regional Studies, 2004, 38 (8): 949-959.

[21] Audretsch D. B., Keilbach M. C., and Lehmann E. E. Entrepreneurship and Economic Growth [M]. New York: Oxfbrd University Press, 2006.

[22] Audretsch D. B., Belitski M., and Desai S. Entrepreneurship and Economic Development in Cities [J]. Annals of Regional Science, 2015, 55 (1): 33-60.

[23] Banker R. D., Gadh V. M., and Gorr W. L. A Monte Carlo Comparison

of Two Production Frontier Estimation Methods: Corrected Ordinary Least Squares and Data Envelopment Analysis [J]. European Journal of Operational Research, 1993 (7): 332-343.

[24] Baron R. A and Markman G. D. Beyond Social Capital: The Role of Entrepreneurs' Social Competence in Their Financial Success [J]. Journal of Business Venturing, 2003, 18 (1): 41-60.

[25] Bartelsman E. J., Haltiwanger J. C. and Scarpetta S. Cross - Country Differences inProductivity: The Role of Allocation and Selection [J]. American Economic Review, 2009, 103 (1): 305-334.

[26] Battese E. and Coelli T. A Model of Technical Inefficiency Effects in Stochastic Frontier Production for Panel Data [J]. Empirical Economics, 1995, 20 (2): 325-332.

[27] Baumol W. J. Entrepreneurship: Productive, Unproductive, and Destructive [J]. Journal of Political Economy, 1990, 98 (5): 893-921.

[28] Berkowitz D. Entrepreneurship and Post Socialist Growth [J]. Oxford Bulletin of Economic and Statistics, 2005, 6 (1): 25.

[29] Beugelsdijk S. and Noorderhaven N. Entrepreneurial Attitude and Economic Growth: A Cross-section of 54 Regions [J]. The Annals of Regional Science, 2004, 38 (2): 199-218.

[30] Bhagwati J. and Ramaswami V. K. Domestic Distortions, Tariffs and the Theory of Optimum Subsidy [J]. Journal of Political Economics, 1963, 71 (1): 44-50.

[31] Bhagwati J., Ramaswami V. K. and Srinivasan T. N. Domestic Distortions, Tariffs and the Theory of Optimum Subsidy: some further Results [J]. Journal of Political Economy, 1969, 77 (6): 1005-1010.

[32] Bhagwati J. and Srinivasan T. N. The Theory of Wage Differentials: Production Response and Factor Price Equalization [J]. Journal of International Economics, 1971 (1): 19-35.

[33] Black S. E. and Strahan P. E. Entrepreneurship and Bank Credit Availability [J]. Journal of Finance, 2002, 57 (6): 2807-2833.

[34] Blundell R. and Bond S. Initial Conditions and Moment Restriction in Dynamic Panel Date Models [J]. Journal of Econometrics, 1998, 87 (1): 115-143.

[35] Brecher R. Minimum Wage Rates and the Pure Theory of International Trade [J]. Quarterly Journal of Economics, 1974, 88 (1): 98-116.

[36] Carree M. A. and Thurik A. R. The Lag Structure of The Impact of Business Ownership on Economic Performance in OECD Countries [J]. Small Business. Econmics, 2008, 30 (1): 101-110.

[37] Cass D. Optimum Growth in an Aggregative Model of Capkal Accumulation [J]. Review of Economic Studies, 1965, 32 (7): 233-240.

[38] Casson M. The Entrepraieur: An Economic Theory [M]. Oxfbrd: Martin Robertson, 1982.

[39] Casson M. Entrepreneurship and Business Culture: Studies in the Economics of Trust [M]. Aldershot: Edward Elgar, 1995.

[40] Caves D. W., Christensen L. R., and Herriges J. A. Modelling Alternative Residential Peak - load Electricity Rate Structures [J]. Journal of Econometrics, 1982, 24 (3): 249-268.

[41] Caves D. W. and Diewert W. E. The Economic Theory of Index Numbers and the Measurement of Input, Output, and Productivity [J]. Econometrica, 1982, 50 (6): 1393-1414.

[42] Chacholiades M. International Trade Theory and Policy [M]. New York: McGraw-Hill, 1978.

[43] Chames A., Cooper W. W., and Rhodes, E. Measuring the Efficiency of Decision Making Unite [J]. European Journal of Operational Research, 1978, 6 (2): 429-444.

[44] Chenery H. B. The Structuralist Approach to Development Policy [J]. American Economic Review, 1975, 65 (3): 310-315.

[45] Chow G. C. Capital Formation and Economic Growth in China [J]. Quarterly Journal of Economics, 1993, 108 (3): 809-842.

[46] David B. and Roy T. Linking Entrepreneurship to Growth [R]. OECD Science, Technology and Industry Working Papers, OECD Publishing, 2001.

[47] David B. H. and John R. M. Substitution among Capital, Labor, and National Resource Products in American Manufacturing [J]. Journal of Political Economy, 1975, 83 (1): 57-82.

[48] David G. B. Self-Employment in OECD Countries [J]. Labour Econom-

ics, 2000 (7): 471-505.

[49] David G. B. Self-Employment: More May Not Be Better [J]. Swedish Economic Policy Review, 2004, 11 (2): 15-73.

[50] David S. E. and Linda S. L. Some Empirical Aspects of Entrepreneurship [J]. The American Economic Review, 1989, 79 (3): 519-535.

[51] Dollar D. R. Wei S. J. Das (Wasted) Capital: Firm Ownership and Investment Efficiency in China [R]. NBER Working Paper, 2007, No. 13103.

[52] Dowrick S. and Gemmell N. Industrialization, Catching-up, and Economic Growth: A Comparative Study across the World' s Capitalist Economies [J]. The Economic Journal, 1991, 101 (405): 263-275.

[53] Drucker P. F. Innovation and Entrepreneurship [M]. New York: Harper & Row, 1985.

[54] Duarte M. and Resuccia D. The Role of the Structural Transformation in Aggregate Productivity [J]. Quarterly Journal of Economics, 2010, 125 (1): 129-173.

[55] Easterly W. Economic Stagnation, Fixed Factors, and Policy, Thresholds [J]. Journal of Monetary Economics, 1994, 33 (3): 525-527.

[56] Fare R., Grosskopf S. and Norris M. Productivity Growth, Technical Progress, and Efficiency Change in Industrialized Countries [J]. The American Economic Review, 1994, 84 (1): 66-83.

[57] Fatrell M. J. The Measurement of Production Efficiency [J]. Journal of Royal Statistical Society, 1957, 120 (3): 253-290.

[58] Fei J. and Ranis G. Innovational Intensity and Factor Bias in the Theory of Growth [J]. International Economic Review, 1965, 6 (2): 182-198.

[59] Feng Y. Dynamic Energy-demand Model: A Comparison [J]. Energy Economics, 2000, 22 (2): 285-297.

[60] Fisher T. C. G. and Waschik R. G. Union Bargaining Power. Reiative Wages, and Efficiency in Canadian [J]. Canadian Journal of Economics, 2000, 33 (3): 742-765.

[61] Fishlow A. and David P. A. Optimal Resource Allocation in an Imperfect Market Setting [J]. Journal of Political Economy, 1961, 69 (6): 529-546.

[62] Fritsch M. and Wyrwich M. The Effect of Regional Entrepreneurship Cul-

ture on Economic Development – Evidence for Germany [R]. Jena Economic Research Papers, 2014, ISSN 1864-7057.

[63] Fuentelsaz L., Gonzalez C., Maicas J. P. and Montero J. How Different Formal Instkutions Affect Opportunity and Necessity Entrepreneurship [J]. Business Research Quarterly, 2015, 18 (4): 246-258.

[64] Glasser E. Entrepreneurship and the City [R]. NBER Working Paper, 2007, No. 13551.

[65] Goldsmith R. W. A Perpetual Inventory of National Wealth, Studies in lncome and Wealth [R]. NBER Working Paper, 1951, 12: 5-74.

[66] Gries T. and Naudé, W. A. Entrepreneurship and Human Development: A Capability Approach [J]. Journal of Public Economics, 2011, 3 (1): 216-224.

[67] Hagen E. E. An Economic Justification of Protectionism [J]. Quarterly Journal of Economies, 1958, 72 (4): 496-524.

[68] Harberger A. C. Molopy and Resource Allocation [J]. American Economic Review, 1959, 44 (2): 77-87.

[69] Heshmati A. Efficiency Measurement in Rotating Panel Data [J]. Applied Economics, 1998, 30 (7): 919-930.

[70] Hsieh C. T. and Klenow R. J. Misallocation and manufacturing TFP in China and India [J]. Quarterly Journal of Economics, 2009, 124 (4): 1403-1448.

[71] Hopper W. D. Allocation Efficiency in a Traditional Indian Agriculture [J]. Journal of Farm Economies, 1965, 47 (3): 611-624.

[72] Iwata S., Khan M. S., and Murao H. Sources of Economic Growth in East Asia: A Nonparametric Assessment [R]. IMF Staff Papers, 2003, 50 (2): 157-177.

[73] Johanson L. A Multisetoral Study of Economic Growth [M]. Amsterdam: North-Holland Publishing Compang, 1960.

[74] Johnson H. G. Factor Market Distortion and the Shape of the Transfbrmation Curve [J]. Econometrica, 1966, 34 (3): 686-698.

[75] Jones R. W. Distortions in Factor Markets and the General Equilibrium Model of Production [J]. Journal of Political Economy, 1971, 79 (3): 437-459.

[76] Jones R. W. The Structure of Simple General Equilibrium Models [J].

The Journal of Political Economy, 1965, 73 (6): 557-557.

[77] Kalirajan K. P. and Cao Y. Can Chinese State Enterprises Perform like Market Entities: Productive Efficiency in the Chinese Iron and Steel Industry [J]. Applied Economics, 1993, 25 (8): 1071-1080.

[78] Kirchhoff B. A. Entrepreneurship and Dynamic Capitalism; The Economics of Business Firm Formation and Growth [M]. Westport, CT: Praeger, 1994.

[79] Klink A. V. Cycles in Industrial Cluster: The Case of Shipping Industry in the Northern of Netherlands [J]. Tijdshri Voor Ecomomische en Social Geography, 2001, 92 (4): 449-463.

[80] Kornai J. The Soft Budget Constraint [J]. Kyklos, 1986, 39 (1): 3-30.

[81] Koopmans T. C. On the Concept of Optimal Economic Growth [J]. Academiae Scientiarum Scripta Varia, 1965, 28 (1): 1-75.

[82] Krugman P. The Myth of Asia's Miracle [J]. Foreign Affairs, 1994 (73): 62-78.

[83] Kumbhakar S. C. and Bhattacharyya A. Price Distortion and Resource-Use Efficiency in Indiaa Agriculture: A Restricted Profit Function Approach [J]. Review of Economic and Statistics, 1992, 74 (2): 231-239.

[84] Kumbhakar S. and Lovell C. Stochastic Frontier Analysis [M]. New York: Cambridge University Press, 2000.

[85] Kuznets S. Quantitative Aspects of the Economic Growth of Nations: The Distribution of Income by Size [J]. Economic Development and Culture Change, 1963, 11 (2): 1-80.

[86] Kwon J. K. and Paik H. Factor Price Distortion, Resource Allocation, and Growth: A Computable General Equilibrium Analysis [J]. Review of Economics and Statistics, 1995, 77 (4): 664-676.

[87] Kyland F. and Prescott E. Time to Build and Aggregate Fluctuations [J]. Econometrica, 1982, 50 (6): 1345-1370.

[88] Krüger J. J. The Sources of Aggregate Productivity Growth: US Manufacturing Industries, 1958-1996 [J]. Bulletin of Economic Research, 2008, 60 (4): 405-427.

[89] Lamo A., Messina J. and Wasmer E. Are Specific Skills an Obstacle to

Labor Market Adjustment? Theory and an Application to the EU Enlargement [R]. European Central Bank Working Paper Series, 2006, 0585.

[90] Larry C. F. The Entrepreneurial Age: Awakeningthe Spirit of Enterprise in People, Companies, and Countries [M]. New York: Allworth Press, 2001: 15.

[91] Lau L. J. and Yotopoulos P. A. A Test for Relative Efficiency and Application to Indian Agriculture [J]. American Economic Review, 1971, 61 (1): 94-109.

[92] Lau L. J. and Yotopoulos P. A. Profit, Supply, and Factor Demand Function [J]. American Journal of Agrieultural Economies, 1972, 54 (1): 11-18.

[93] Li H., Yang Z., Yao X., Zhang H., and Zhang J. Entrepreneurship, Private Economy and Growth: Evidence from China [J]. China Economic Review, 2012, 23 (4): 948-961.

[94] Maddison A. Growth and Slowdown in Advanced Capitalist Economics: Techniques of Quantitative Assessment [J]. Journal of Economic Literature, 1987, 25 (2): 649-698.

[95] Magee S. P. Factor Market Distortion, Production, and Trade: A Survey [J]. Oxford Economic Papers, New Series, 1973, 25 (1): 1-43.

[96] Mandelman F. S. and Montes Rojas G. V. Is Self-employment and Micro-entrepreneurship a Desired Outcome [J]. World Development, 2009, 37 (12): 1914-1925.

[97] Masayuki N., Akira, O. and Shigenori S. Distortions in Factor Markets and Structural Adjustments in theEconomy [J]. Monetary and Economic Studies, 2004, 22 (2): 71-99.

[98] Meade J. E. Trade and Welfare [M]. Oxfbrd: Oxford University Press, 1955.

[99] Meeusen W. and Broeck V. D. Efficiency Estimation from Cobb-Douglas-Production Functions with Composed Error [J]. International Economic Reviews, 1977, 18 (2): 435-444.

[100] Melo J. D. Distortions in the Factor Market: Some General Equilibrium Estimates [J]. Review of Economies and Statistics, 1977, 59 (3): 398-405.

[101] Melvin J. R. and Warne R. D. Monopoly and the Theory of International Trade [J]. Journal of International Economics, 1973, 3: 117-134.

[102] Miyagawa T. What Really Caused the Lost Decade [M]. Tokyo: Toyokeizaishin Posha, 2003.

[103] Mortimer D. Competing Methods for Efficiency Measurement: A Systematic Review of Direct DEA vs SFA/DFA Comparisons [R]. Centre for Health of Program Evaluation working paper, 2002, 136.

[104] Mundlak Y. Furthar Implications of Distortion in the Factor Market [J]. Econometrica, 1970, 38 (3): 517-535.

[105] Mussa M. Tariffs and the Distribution of Income: The Importance of Factor Specficity, Substitutability, and Intensity in the Short and Long Run [J]. Journal of Political Economy, 1974, 82 (82): 1191-1203.

[106] Nadim A. and Anders N. A Framework for Addressing and Measuring Entrepreneurship [R]. OECD Statistics Working Paper, No. 2, 2008.

[107] Neary J. P. Short-Run Capital Specificity and the Pure Theory of International Trade [J]. Economic Journal, 1978, 88 (351): 488-510.

[108] Parker E. Shadow Factor price Convergence and the Response of Chinese State-Owned Construction Enterprises to Reform [J]. Journal of Comparative Economies, 1995, 21 (1): 54-81.

[109] Pattanaik P. K. Domestic Distortion and the Gains from Trade [J]. Economic Journal, 1970, 80 (319): 638-649.

[110] Poirson H. Factor Reallocation and Growth in Developing Countries [R]. IMF Working Paper, 2000.

[111] Rader T. The Welfare Loss from Price Distortions [J]. Econometrica, 1976, 44 (3): 1253-1257.

[112] Ram R. Role of Education in Production: a Slightly New Approach [J]. Quarterly Journal of Economics, 1980, 95 (2): 356-373.

[113] Ramsey F. P. A Mathematical Theory of Saving [J]. Economic Journal, 1928, 38 (12): 543-559.

[114] Restuccia D. and Rogerson R. Policy Distortion and Aggregate Productivity with Heterogeneous Establishments [J]. Review of Economic Dynamics, 2008, 11 (4): 707-720.

[115] Reynolds, P., Bosma N., Autio E. et al. Global Enterpreneurship Monitor: Data Coliection Desingn and Implmentation 1998-2003 [J]. Smali Eco-

nomics, 2005, 24 (3): 205-231.

[116] Rocha V., Cameiro A. and Varum C. A. Serial Entrepreneurship, Learning by Doing and Self-selection [J]. International Journal of Industrial Organization, 2015, 40 (C): 91-106.

[117] Rodik D., Grossman G. and Norman V. Getting interventions Right: How South Korea and Taiwan Grew Rich [J]. Economic Policy, 1995, 10 (20): 53-l07.

[118] Rogeson R. Structural Transformation and the Deterioration of European) Labor Market Outcomes [J]. Journal of Political Economy, 2008, 116 (2): 235-259.

[119] Romer D. Advanced Macroeconomics [M]. New York: McGraw-Hill, 2000.

[120] Rosenthal G. Development Thinking and Policies: The Way ahead [J]. CEPAL Review, 1995, 60: 7-20.

[121] Rosenthal R. The Effect of Credit Market Competition on Lending Relationships [J]. Quarterly Journal of Economics, 2007, 9 (1): 11-35.

[122] Rosenthal, S. and Strange W. The Geography of Entrepreneurship in the American Metropolitan Area [J]. Economic Policy Review, 2005, 11 (2): 29-54.

[123] Prebiseh R. The Economic Development of Latin America and its Principal Problems [J]. Economic Bulletin for Latin Amertca, 1950, 7 (1): l-22.

[124] Sahota G. S. Efficiency of Resource Allocation in Indian Agriculture [J]. American Journal of Agricultural Economics, 1968, 50 (3): 584-605.

[125] Sameeksha D. Measuring Entrepreneurship in Developing Countries [R]. WIDER Research Paper, 2009.

[126] Scarf H. On the Computation of Equilibrium Prices, in Ten Economic Studies Tradition of Ivring Fischer [M]. New York: Wiley, 1967.

[127] Schumpeter J. A. The Theory of Economic Development: An Inquiry into Profits, Capital, Credit, Interest and the Business Cycle [M]. Oxford: Oxford University Press, 1911.

[128] Schumperer J. A. Capitalism, Socialism and Democracy [M]. New York: Routledge, 1942.

[129] Seddon D. and Wacziarg R. Review of Easterly's the Elusive Quest for Growth [J]. Journal of Economic Literature, 2002, 40 (3): 907-918.

[130] Shuhei A. A Simple Accounting Framework for the Effect of Resource Misallocation on Aggregate Productivity [J]. Journal of the Japanese and International Economies, 2012, 26 (4): 473-494.

[131] Simon C. and Martin T. ExplainingInternational Variations in Self-Employment: Evidencefrom a Panel of OECD Countries [J]. Southern Economic Journal, 2004, 71 (2): 287-301.

[132] Skoorka B. M. Measuring Market Distortion: International Comparisons, Policy and Competitiveness [J]. The Applied Economics, 2000, 32 (3): 253-264.

[133] Solow R. M. A Contribution to the Theory of Economic Growth [J]. Quarterly Journal of Economics, 70 (2): 65-94.

[134] Stei V. A. Carree M. A. and Thurik A. R. The Effect of Entrepreneurial Activity on National Bconomic Growth [J]. Small Business Economics, 2005, 24 (3): 311-321.

[135] Stephens H. M., Partridge M. D. and Faggian A. Innovation, Entrepreneurship and Economic Growth in Lagging Regions [J]. Journal of Regional Science, 2013, 53 (5): 778-812.

[136] Syrquin M. Productivity Growth and Factor Reallocation [M]. London: Oxfbrd University Press, 1986.

[137] Timmer M. P. and Szirmai A. Productivity Growth in Asian Manufacturing: The Structural Bonus Hypothesis Examined [J]. Structural Change and Ecomomic Dynamics, 2000, 11 (4): 371-392.

[138] William B. G. and Scott A. S. Measuring Entrepreneurship over Time [J]. Journal of BusinessVenturing, 1995, 10 (4): 283-301.

[139] Wang J. R., Wailes E. J. and Cramer G. L. A Shadow Price Frontier Measurement of Profit Efficiency in Chinese Agriculture [J]. American Journal of Agriculture Economies, 1996, 78 (1): 146-156.

[140] Wennekers A., Thurik A. R., and Reynolds P. D. Nascent Entrepreneurship and The Level of Economic Development [J]. Small Bus. Econ., 2005, 24 (3): 293-309.

[141] Wennekers S. Linking Entrepreneurship and Economic Growth [J].

Small Business Economics, 1999, 13 (1): 25-55.

[142] Wong P. K., Ho Y. P. and Autio E. Entrepreneurship, Innovation and Economic Growth: Evidence from GEM Data [J]. Small Business Economics, 2005, 24 (3): 335-350.

[143] Woo W. T. Chinese Economic Growth: Sources and Prospects [C] // Fouquin M. and Lemoine F. The Chinese Economy, London: Economica, 1998.

[144] Yotopoulos P. A. and Lau L. J. A Test for Relative Economic Efficiency: Some Further Result [J]. American Economic Review, 1973, 63 (1): 214-223.

[145] Young A. Gold into Base Metals: Productivity Growth in the People's Republic of China during the Reform Period [J]. Journal of Political Economy, 2003, 111 (6): 1220-1261.

[146] Zhuang J. Estimating Distortion in Chinese Economy: A General Equilibrium Approach [J]. Economica, 1996, 63 (252): 543-569.

[147] 柏培文．中国劳动要素配置扭曲程度的测量 [J]. 中国工业经济，2012 (10): 19-31.

[148] 柏培文．三大产业劳动力无扭曲配置对产出增长的影响 [J]. 中国工业经济，2014 (4): 32-44.

[149] 柏培文．我国产业劳动力配置扭曲及其因素分解：1978-2013 [J]. 吉林大学社会科学学报，2016 (1): 17-27+187.

[150] 蔡昉，王德文，都阳．劳动力市场扭曲对区域差距的影响 [J]. 中国社会科学，2001 (2): 4-14+204.

[151] 曹玉书，楼东玮．资源错配、结构变迁与中国经济转型 [J]. 中国工业经济，2012 (10): 5-18.

[152] 陈博．企业家精神与经济增长——基于省际面板数据的实证分析 [J]. 首都经济贸易大学学报，2012 (6): 11-18.

[153] 陈晓华，刘慧．要素价格扭曲、外需疲软与中国制造业技术复杂度动态演进 [J]. 财经研究，2014 (7): 119-131.

[154] 陈艳莹，王二龙．要素市场扭曲、双重抑制与中国生产性服务业全要素生产率：基于中介效应模型的实证研究 [J]. 南开经济研究，2013 (5): 71-82.

[155] 陈永伟，胡伟明．价格扭曲、要素错配和效率损失：理论和应用 [J]. 经济学（季刊），2011, 10 (4): 1401-1422.

[156] 陈宇峰，贵斌威，陈启清．技术偏向与中国劳动收入份额的再考察［J］．经济研究，2013（6）：113-126.

[157] 陈钊，陆铭，佐藤宏．谁进入了高收入行业？——关系、户籍与生产率的作用［J］．经济研究，2009（10）：121-132.

[158] 程大中．中国增加值贸易隐含的要素流向扭曲程度分析［J］．经济研究，2014（9）：105-120.

[159] 程俊杰，刘志彪．产能过剩、要素扭曲与经济波动——来自制造业的经验证据［J］．经济学家，2015（11）：59-69.

[160] 戴魁早，刘友金．要素市场扭曲、区域差异与 R&D 投入——来自中国高技术产业门槛模型的经验证据［J］．数量经济技术经济研究，2015（9）：3-20.

[161] 丁涛，谢剑．基于 SFAVAR 模型的创业水平对产业非对称性的影响研究［J］．宏观经济研究，2017（8）：141-151.

[162] 董斌，李宗植，谢力．改革开放以来江苏省经济增长及其配置效应分析［J］．工业技术经济，2005，124（5）：46-57.

[163] 董静，翟海燕，汪江平．风险投资机构对创化企业的管理模式——行业专长与不确定性的视角［J］．外国经济与管理，2014，36（9）：3-11.

[164] 杜传忠．我国资源性产品价格扭曲的原因探析及矫正对策［J］．经济与管理研究，2008（10）：60-64.

[165] 樊纲，王小鲁，朱恒鹏．中国市场化指数：各地区市场化相对进程［M］．北京：经济科学出版社，2010.

[166] 房宏琳，刘阳．国内外区域创业水平测量方法及研究综述［J］．理论探讨，2012（5）：102-107.

[167] 冯涛，罗小伟，徐浩．劳动力市场扭曲与收入分配差距研究——基于城乡二元结构视角［J］．云南财经大学学报，2016（1）：24-37.

[168] 盖庆恩，朱喜，史清华．劳动力市场扭曲、结构转变和中国劳动生产率［J］．经济研究，2013（5）：87-97+111.

[169] 高兴民，张祥俊．地区创业水平影响因素的空间计量分析［J］．中国科技论坛，2015（4）：94-99.

[170] 耿伟．要素价格负向扭曲提升了出口企业的利润率吗？［J］．中南财经政法大学学报，2014（6）：123-130+160.

[171] 耿伟．要素价格扭曲是否提升了中国企业出口多元化水平［J］.

世界经济研究，2013（9）：49-54+67+88.

［172］郭红东，丁高洁．关系网络、机会创新性与农民创业绩效［J］．中国农村经济，2013（8）：78-87.

［173］韩江波．基于要素配置结构的产业升级研究［J］．首都经济贸易大学学报，2011（1）：29-38.

［174］贺曲夫，刘友金．我国东中西部地区间产业转移的特征与趋势——基于2000~2010年统计数据的实证分析［J］．经济地理，2012（12）：85-90.

［175］何小钢．要素市场扭曲、投资偏向与能源回弹效应——基于1997~2010年中国省级面板数据的实证研究［J］．山西财经大学学报，2015（10）：14-22.

［176］何予平．企业家精神与中国经济增长——基于C-D生产函数的实证研究［J］．当代财经，2006（7）：95-104.

［177］黄健柏，徐震，徐珊．土地价格扭曲、企业属性与过度投资——基于中国工业企业数据和城市地价数据的实证研究［J］．中国工业经济，2015（3）：57-69.

［178］黄鹏，张宇．中国要素价格相对扭曲对企业技术创新影响的研究——基于微观企业数据的Probit检验［J］．上海经济研究，2014（7）：31-41.

［179］黄先海，刘毅群．1985~2010年间中国制造业要素配置扭曲变动的解析——资本结构变动与技术进步的影响分析［J］．经济理论与经济管理，2013（11）：90-101.

［180］郝枫，赵慧卿．中国市场价格扭曲测度：1952~2005［J］．统计研究，2010（6）：33-39.

［181］惠树鹏，边珺．要素市场扭曲抑制中国工业企业生产效率的传导机制［J］．兰州大学学报（社会科学版），2015（1）：141-146.

［182］简泽．市场扭曲、跨企业的资源配置与制造业部门的生产率［J］．中国工业经济，2011（1）：58-68.

［183］蒋含明．要素价格扭曲与我国居民收入差距扩大［J］．统计研究，2013（12）：56-63.

［184］蒋含明．要素价格扭曲能吸引高效企业落户吗［J］．当代财经，2015（8）：90-98.

［185］蒋含明，王军辉，李非．企业家创业、生产性公共支出与区域经

济增长——基于动态空间面板方法的实证研究［J］. 经济评论，2013（2）：76-84.

［186］靳卫东，高波，吴向鹏. 企业家精神：含义、度量和经济绩效的评述［J］. 中南财经政法大学学报，2008（4）：101-105.

［187］康志勇. 赶超行为、要素市场扭曲对中国就业的影响——来自微观企业的数据分析［J］. 中国人口科学，2012（1）：60-69.

［188］康志勇. 要素市场扭曲对中国本土企业出口行为的影响——出口选择抑或出口数量［J］. 世界经济研究，2014（6）：23-29+87.

［189］雷鹏. 生产要素市场扭曲对中国就业影响的实证分析［J］. 社会科学，2009（7）：61-65.

［190］黎精明，郜进兴. 财政分权、要素价格扭曲与国有企业过度投资［J］. 中南财经政法大学学报，2010（1）：78-83.

［191］李程. 要素市场扭曲、资本深化与产业结构调整——基于时变弹性生产函数的实证分析［J］. 统计与信息论坛，2015（2）：60-66.

［192］李宏彬，李杏，姚先国，等. 企业家的创业与创新精神对中国经济增长的影响［J］. 经济研究，2009（10）：99-108.

［193］李平，季永宝，桑金琰. 要素市场扭曲对我国技术进步的影响特征研究［J］. 产业经济研究，2014（5）：63-71.

［194］李平，季永宝. 要素价格扭曲是否抑制了我国自主创新［J］. 世界经济研究，2014（1）：10-15+87.

［195］李平，季永宝. 政策导向转化、要素市场扭曲与 FDI 技术溢出［J］. 南开经济研究，2014（6）：125-137.

［196］李文君. 中国土地资源价格扭曲：影响、成因及对策［J］. 北方经济，2013（14）：25-27.

［197］李永，王砚萍，孟祥月. 要素市场扭曲是否抑制了国际技术溢出［J］. 金融研究，2013（11）：140-153.

［198］廖显春，耿伟. 要素价格市场扭曲推动了中国企业的出口增长吗［J］. 山西财经大学学报，2015（3）：1-10.

［199］林伯强，杜克锐. 要素市场扭曲对能源效率的影响［J］. 经济研究，2012（1）：125-136.

［200］林雪，林可全. 中国要素价格扭曲对经济失衡的影响研究［J］. 上海经济研究，2015（8）：64-76.

[201] 林毅夫. 新结构经济学——重构发展经济学的框架 [J]. 经济学(季刊), 2010, 10 (1): 1-32.

[202] 林毅夫. 战略抉择是经济改革与发展成功的关键 [J]. 经济科学, 1994 (3): 3-7.

[203] 林毅夫. 消除市场扭曲要素 [J]. 资本市场, 2014 (5): 12.

[204] 刘亮. 企业家精神与区域经济增长 [D]. 上海: 复旦大学博士学位论文, 2008.

[205] 刘名远, 林民书. 区际贸易、要素价格扭曲与区域经济利益空间失衡——基于空间面板误差模型的实证分析 [J]. 财经科学, 2013 (2): 56-64.

[206] 鲁传一, 李子奈. 企业家精神与经济增长理论 [J]. 清华大学学报 (哲学社会科学版), 2000 (6): 42-49.

[207] 卢亚娟, 张龙耀, 许玉韬. 金融可得性与农村家庭创业——基于 CHARLS 数据的实证研究 [J]. 经济理论与经济管理, 2014 (10): 89-99.

[208] 罗德明, 李晔, 史晋川. 要素市场扭曲、资源错置与生产率 [J]. 经济研究, 2012 (1): 72-73.

[209] 罗羡华, 杨振海, 周勇. 时变弹性系数生产函数的非参数估计 [J]. 系统工程理论与实践, 2009 (4): 144-149.

[210] 马光荣, 李力行. 金融契约效率、企业退出与资源误置 [J]. 世界经济, 2014 (10): 77-103.

[211] 毛丰付, 裘文龙. 纵向分权、横向竞争与土地价格扭曲 [J]. 经济与管理研究, 2013 (12): 35-47.

[212] 茅于轼. 价格扭曲是当前宏观经济诸多问题的根源 [J]. 资料通讯, 2007 (12): 42-43.

[213] 门闯, 孙晓骅. 个税改革、要素价格扭曲与企业过度投资 [J]. 云南财经大学学报, 2016 (1): 101-110.

[214] 蒙大斌, 杨振兵. 劳动力市场分割加剧了工资扭曲吗——来自中国省际工业部门的经验证据 [J]. 财经论丛, 2016 (3): 1-10.

[215] 聂常虹, 李慧聪. 企业家精神驱动实体经济发展的作用机制研究 [J]. 全球化, 2016 (6): 96-106.

[216] 庞念伟, 陈广汉, 宋冉. 城镇就业市场上劳动力工资扭曲程度测度 [J]. 南方经济, 2014 (8): 1-12.

[217] 尚晓晔. 要素市场价格扭曲对中国经济的影响——理论与实证

[D]. 武汉：武汉大学博士学位论文，2016.

[218] 盛仕斌，徐海 . 要素价格扭曲的就业效应研究 [J]. 经济研究，1999 (5)：66-72.

[219] 盛誉 . 贸易自由化与中国要素市场扭曲的测定 [J] . 世界经济，2005 (6)：29-36.

[220] 施炳展，冼国明 . 要素价格扭曲与中国工业企业出口行为 [J]. 中国工业经济，2012 (2)：47-55.

[221] 石磊，刘伟明 . "腾笼换鸟" 和 "承接转移" 相互矛盾吗 [J]. 经济学家，2012 (5)：53-60.

[222] 时磊，田艳芳 . 资本市场扭曲与劳动力市场结构非均衡 [J]. 上海经济研究，2013 (11)：63-75.

[223] 时磊 . 资本市场扭曲与产能过剩：微观企业的证据 [J]. 财贸研究，2013 (5)：1-8.

[224] 史晋川，赵自芳 . 所有制约束与要素价格扭曲——基于中国工业行业数据的实证分析 [J]. 统计研究，2007 (6)：42-47.

[225] 宋来胜，苏楠，付宏 . 创新创业能力的空间分布及其经济增长效应——基于 GMM 方法的实证分析 [J]. 经济经纬，2013 (1)：6-10.

[226] 孙宁华，堵溢，洪永淼 . 劳动力市场扭曲、效率差异与城乡收入差距 [J] . 管理世界，2009 (9)：44-52+187.

[227] 孙文凯，白重恩，谢沛初 . 户籍制度改革对中国农村劳动力流动的影响 [J]. 经济研究，2011 (1)：28-41.

[228] 汤勇，汤腊梅 . 区域创业资本与经济增长关系——基于中部地区面板数据的研究 [J]. 经济地理，2014，34 (4)：33-39.

[229] 陶小马，邢建武，黄鑫，等 . 中国工业部门的能源价格扭曲与要素替代研究 [J]. 数量经济技术经济研究，2009 (11)：1-16.

[230] 谭楚丹 . 历史激荡：中国迎来第四轮创业潮 [N]. 21 世纪经济报道，2015-06-08 (14) .

[231] 谭力 . 中国市场扭曲测定——基于地区比较视角的市场化进程审视 [D]. 北京：CCER，2006.

[232] 汪伟，潘孝挺 . 金融要素扭曲与企业创新活动 [J]. 统计研究，2015 (5)：26-31.

[233] 王国刚，林楠 . 金融改革的目标和衡量标准 [J]. 中国金融，

2014（24）：49-50.

［234］王静．大学生创业支持体系的构建——基于对大学生创业意识培养的调查［J］．人口与经济，2011（1）：27-32.

［235］王静娴．要素市场扭曲对外贸转型升级的影响研究［D］．沈阳：辽宁大学博士学位论文，2014.

［236］王宁．生产要素市场扭曲的结构效应分析［D］．杭州：浙江大学博士学位论文，2016.

［237］王宁，史晋川．要素价格扭曲对中国投资消费结构的影响分析［J］．财贸经济，2015（4）：121-133.

［238］王希．生产要素价格扭曲程度测算方法综述［J］．内蒙古财经学院学报，2011（3）：43-47.

［239］王希．要素价格扭曲与经济失衡之间的互动关系［J］．财贸研究，2012（4）：8-15.

［240］王希．我国要素市场扭曲与经济失衡之间的互动关系研究［J］．华东经济管理，2012（10）：64-68.

［241］吴敬琏．中国增长模式抉择［M］．上海：上海远东出版社，2005.

［242］夏茂森，彭七四，江玲玲，等．要素价格扭曲与工业产能过剩的关系——基于1999~2010年的样本数据［J］．技术经济，2013（12）：33-39.

［243］夏晓华，李进一．要素价格异质性扭曲与产业结构动态调整［J］．南京大学学报（哲学·人文·社会科学版），2012（3）：40-48.

［244］向春，雷家骕．大学生创业态度和倾向的关系及影响因素——以清华大学学生为研究对象［J］．清华大学教育研究，2011（5）：116-124.

［245］解栋栋．中国经济结构变动与要素再配置研究［D］．上海：复旦大学，2010.

［246］冼国明，徐清．劳动力市场扭曲是促进还是抑制了FDI的流入［J］．世界经济，2013（9）：25-48.

［247］谢攀，李文溥．政治关联、要素比价扭曲与再配置效应［J］．经济管理，2015（6）：166-176.

［248］徐长生，刘望辉．劳动力市场扭曲与中国宏观经济失衡［J］．统计研究，2008，25（5）：32-37.

［249］杨帆．我国体制转型时期的市场扭曲效应分析［D］．武汉：华中

科技大学博士学位论文，2010.

［250］杨帆，徐长生．中国工业行业市场扭曲程度的测定［J］．中国工业经济，2009（9）：56-66.

［251］杨宇，郑垂勇．企业家精神对经济增长作用的实证研究［J］．生产力研究，2008（9）：11-13+35.

［252］左翔，殷醒民．“土地财政”模式与地方公共品供给［J］．世界经济文汇，2014（4）：88-102.

［253］尹志超，宋全云，吴雨，等．金融知识、创业决策和创业动机［J］．管理世界，2015（1）：87-98.

［254］袁红林，蒋含明．中国企业家创业精神的影响因素分析［J］．当代财经，2013（8）：65-75.

［255］袁鹏，杨洋．要素市场扭曲与中国经济效率［J］．经济评论，2014（2）：28-51.

［256］袁志刚，解栋栋．中国劳动力错配对 TFP 的影响分析［J］．经济研究，2011（7）：4-16.

［257］战明华，许月丽，宋洋．转轨时期中国经济增长的可持续性条件及其转换路径：中国高投资、低消费经济增长模式的一个解释框架［J］．世界经济，2006（8）：47-56.

［258］张杰，周晓艳，李勇．要素市场扭曲抑制了中国企业 R&D［J］．经济研究，2011（8）：78-91.

［259］张杰，周晓艳，郑文平，等．要素市场扭曲是否激发了中国企业出口［J］．世界经济，2011（8）：134-160.

［260］张俊远，王瑞芳．土地财政与生产要素市场资源配置的扭曲——来自省际面板 VAR 的证据［J］．社会科学家，2013（3）：49-53.

［261］章上峰．时变弹性生产函数生产率分解公式及其政策含义［J］．数量经济技术经济研究，2011（7）：l06-121.

［262］章上峰，许冰．时变弹性生产函数与全要素生产率［J］．经济学（季刊），2009，8（2）：551-568.

［263］张曙光，程炼．中国经济转轨过程中的要素价格扭曲与财富转移［J］．世界经济，2010（10）：3-24.

［264］张益丰，郑秀芝．企业家才能、创业环境异质性与农民创业——基于 3 省 14 个行政村调研数据的实证研究［J］．中国农村观察，2014（3）：

21-28.

［265］张迎春，李萍．企业家创新能力对区域经济增长的贡献分析——以辽宁省为例［J］．财经问题研究，2006（9）：92-96.

［266］张玉利，杨俊，任兵．社会资本、先前经验与创业机会——一个交互效应模型及其启示［J］．管理世界，2008（7）：91-102.

［267］张月玲，叶阿忠．中国的技术进步方向与技术选择——基于要素替代弹性分析的经验研究［J］．产业经济研究，2014（1）：92-102.

［268］赵向阳，李海，Rauch A. 创业活动的国家（地区）差异：文化与国家（地区）经济发展水平的交互作用［J］．管理世界，2012（8）：78-90.

［269］赵自芳，史晋川．中国要素市场扭曲的产业效率损失——基于DEA方法的实证研究［J］．中国工业经济，2006（10）：40-48.

［270］赵自芳．生产要素市场扭曲的经济效应：基于中国转型时期的实证研究［D］．杭州：浙江大学博士学位论文，2007.

［271］郑毓盛，李崇高．中国地方分割的效率损失［J］．中国社会科学，2003（1）：64-72.

［272］钟春平，徐长生．创造性破坏与收入差距的振荡式扩大［J］．经济研究，2006，41（8）：114-123.

［273］周文召，刘文革．宏观视角下的企业家精神差异化配置与经济增长——一个文献评述［J］．金融研究，2013（12）：127-139.

［274］朱华晟，孔一粟．我国区域创业水平与经济发展水平关系研究［J］．华东经济管理，2018（10）：78-84.

［275］朱喜，史清华，盖庆恩．要素配置扭曲与农业全要素生产率［J］．经济研究，2011（5）：86-98.

［276］庄子银．企业家精神、持续技术创新和长期经济增长的微观机制［J］．世界经济，2005（12）：32-43+80.

［277］左翔，殷醒民．地方一级市场垄断与地方公共品供给［J］．经济学（季刊），2015（1）：693-718.

后　记

由于受篇幅所限以及自身能力不足，在本书的研究中仍然存在一些尚且没有解决的关键问题，在今后具有很大的改进空间，可供读者进一步完善和深入研究，在此特作说明：

第一，在选择创业水平的衡量指标时，笔者分别从创业参与、创业活力和创业规模三个视角度量了中国不同地区的创业水平，这些衡量指标的选择只考虑到了创业增量，而并未涉及创业质量。创业质量是衡量创业水平不可忽视的重要指标，本应将其纳入创业水平的衡量体系中，但是由于缺乏地区层面的样本数据①以及相关文献的支持，因此本书最终舍弃了对创业质量的考察。在今后的研究中，如果可以收集到衡量创业质量的具体微观数据（如中国每个省或城市的创业成功率、失败率等），可以在很大程度上弥补上述不足。

第二，要探究要素价格扭曲的根本原因，必须结合中国经济的现实，更深一步进行总结。要素价格扭曲是中国经济转型时期产生的一个客观问题，但由于要素市场涉及范围广泛，造成要素价格扭曲的原因来自多个方面，然而，具体是何原因导致要素价格扭曲？是计划经济体制遗留问题还是路径依赖？是政府制度安排造成？抑或是经济运行主体垄断导致？等等。应在综合考虑此部分问题的基础上重新看待要素价格扭曲问题，把此部分影响因素汇聚起来，使用内生变量对其进行技术处理，可能会得到更具价值的研究结论。

第三，研究涉及的基础数据存在较大局限性，在一定程度上会降低研究结论的说服力与准确度。本书的一个创新点就是选择我国城市面板数据作为研究样本，以此获得要素价格扭曲理论和创业理论的第一手研究资料，并在

① 笔者在前期数据收集过程中发现，全球创业监测（Global Entrepreneurship Monitor，GEM）数据库公布了全球部分国家的“创业失败率”等可以用来衡量创业质量的数据，但是数据较为宏观，与研究的内容不符，因此最终舍弃。

一定程度上对已有研究进行补充和扩展。但此部分研究在文中所占篇幅较大，相关数据的精准性还有待验证和提升。例如，在第三章中测算资本要素价格扭曲程度时，由于无法获取每个城市的资本要素价格，因此只能以每年度6个月到1年期企业贷款基准利率作为资本要素价格的近似值，这一做法忽视了每个城市间资本要素价格的差异性，导致资本要素价格扭曲程度的测算结果与真实情况略有出入。同时，在测算土地要素价格扭曲程度时，只能获取我国49个城市的土地价格数据，因此样本容量较少，而且由于无法获得每个城市用于生产的土地要素投入量，所以无法将土地要素纳入生产函数模型中，导致土地要素价格扭曲程度与资本、劳动要素价格扭曲程度的测算结果差异较大。

第四，在第四章中推理要素价格扭曲对创业的影响机制时，由于“创业活动”更加强调的是创业者的主观心理感受（创业动机），而无法通过现实数据对此进行量化分析，因此，笔者仅能在符合企业“预期利润最大化”的前提下，通过采用博弈论等理论研究方法对两者之间的影响机制进行理性分析。但是，这种方法的不足之处在于，由于缺少实证数据的支持，研究结论的说服力将会略显不足。为了弥补这一缺陷，在后续的研究中，学者们可通过向处于不同创业阶段、创业领域的创业者分发调查问卷的方式，广泛收集创业者在面对要素价格扭曲现象时的真实心理感受（创业动机），进而采用更为严谨的实证研究方法，量化分析要素价格扭曲对创业的影响机制，这将是未来研究中需要改进之处。

总而言之，本书在研究方法和研究内容方面仍有很大的改进空间，今后若能获得更加全面和准确的数据，相信能够使研究体系更加丰富和完整。